AF451914

MERINVAL,

DRAME EN CINQ ACTES EN VERS,

Par Mr. d'Arnaud.

A LONDRES;

Et se trouve A TOULOUSE,

Chez Mᶜ. Jean Florent BAOUR, seul
Imprimeur juré de l'Université.

M. DCC. LXXIV.

PERSONNAGES.

MÉRINVAL père , gentilhomme retiré du service.
MÉRINVAL fils.
EUGÉNIE , épouse de MÉRINVAL fils.
LE LIEUTENANT CRIMINEL du Bailliage de * * *
SIX CONSEILLERS ,
LE GREFFIER ,   } du même Bailliage.
UN HUISSIER ,
HENRI , laquais de confiance de MÉRINVAL père.
ROSE , suivante d'EUGÉNIE.
UN GÉOLIER.
PLUSIEURS VASSAUX , ET DOMESTIQUES.

*La Scène est dans les environs d'une ville , & ensuite
dans la ville.*

MÉRINVAL,

D R A M E.

ACTE PREMIER.

Le théâtre repréfente l'appartement d'un château voifin d'une ville ; dans ce fallon , fe trouve une table fur laquelle font quelques livres. Il fait nuit.

SCENE PREMIERE.

MÉRINVAL *pere , feul , en robe de chambre , les cheveux épars , ouvrant la porte du fallon avec précipitation , s'avançant fur le théâtre , égaré de frayeur , comme s'il étoit pourfuivi.*

Laiſſe-moi , laiſſe-moi. — Fuis , ſpeĉtre épouvantable ! —
Il attache à mes pas ſa vengeance implacable !
Il me montre les coups ! — ſon ſang — ma femme ! — ô ciel !
Ses mains tiennent encor le breuvage mortel !
Éloignez-vous , ceſſez — bientôt je vais vous ſuivre ;
Épargnez les momens qui me reſtent à vivre.

> *Il avance encore fur la fcène , tombe affis & appuyé près d'une table ; puis comme revenant d'un fonge , après quelques momens de filence.*

Un ſonge me cauſer cet excès de frayeur !

A

Tous mes fens font glacés d'une froide fueur !
Moi, qui dans les combats, au milieu du carnage,
Tant de fois à la mort oppofai mon courage !
Un rêve m'intimide, & je cède à la peur !
Je fuccombe à l'effroi ! —
　　　(*Il appelle à haute voix*) Henri ! (*Plus haut.*) Henri !
　　　H E N R I, *derrière le théatre.*
　　　　　　　　　　　　　　Monfieur.

　　　　　M É R I N V A L.
Henri, de la lumière. (*A part.*) O nuit, jufqu'à ton ombre
Qui répand dans mon ame une terreur plus fombre ! —
　　　　D'un ton pénétré.
Ce n'eft pas la vertu qui craint l'obfcurité.
Dieu !

━━━━━━━━━━━━━━━━━━━━━━━━

S C E N E I I.

MÉRINVAL père, HENRI *accourant avec de la lumière.*

H E N R I.

Qu'avez-vous, Monfieur ? tremblant, pâle, agité. —
Il pofe la lumière fur la table.
　　　　M É R I N V A L.
　　　　　　A part.
Je n'ai rien, mon ami — Tâchons de nous contraindre.
　　　　H E N R I.
Mais, Monfieur —
　　　　M É R I N V A L, *à part.*
　　　　　Des mortels je fuis le plus à plaindre.
Quand le cours de mes maux fera-t-il terminé ? —
Henri, quelle heure eft-il ?
　　　　H E N R I.
　　　　　Quatre heures ont fonné.
　　　　M É R I N V A L.
Tu dormois ?
　　　　H E N R I.
　　Oui, Monfieur.
　　M É R I N V A L, *à part, & d'un ton pénétré.*
　　　　　L'innocence repofe.
Henri — *Il fe lève, & mettant la main fur le bras de Henri,*
　　　d'un ton de hauteur.
　　Je ne dors plus !
　　　　H E N R I.
　　　　Et quelle eft donc la caufe

De la mélancolie où je vous vois plongé!
Vous tournez vers le ciel un regard affligé!
Un fourd chagrin vous mine, & malgré vous éclate!
Le bonheur d'être aimé n'a plus rien qui vous flate!
Vous fuyez vos amis par vous-même invités!
Vous cherchez la retraite, & foudain la quittez!
Les plaifirs de la chaffe, & de l'agriculture,
Tout vous déplait, Monfieur, jufques à la lecture,
Le plus cher autrefois de vos amufemens!
Ce féjour à vos yeux perd tous fes agrémens!
Vingt-fix ans de fervice, un zèle inviolable,
Une fidélité conftante, irréprochable,
Les foins que j'ai donnés à Monfieur votre fils,
Dès fa plus tendre enfance entre mes mains remis,
Doivent, j'ofe le dire avec quelque affurance,
M'avoir acquis des droits à votre confiance;
D'où naît ce fombre ennui — qui vous fera fatal?
N'eft-il point de remède à cet étrange mal?
Nous tremblons pour vos jours. Encore hier, ma femme —
      M É R I N V A L, *avec vivacité.*
Ta femme! — De quels traits tu viens me percer l'ame?
Henri, j'eus une époufe, & — je la pleure envain.
        H E N R I.
Une mort imprévue a fini fon deftin;
Nous la regrettons tous: elle avoit tant de charmes,
Tant de vertus! — qui peut lui refufer des larmes?
Tout par fa bienfaifance étoit heureux ici;
Sa tendreffe —
    M É R I N V A L; *allant au devant de Henri, & avec*
                une efpèce de fureur.
      Cruel — (*Il change de ton.*)
          Laiffe moi, mon ami.
J'attendrai que le jour en ces lieux reparoiffe;
Il calme quelquefois le chagrin qui nous preffe.
        H E N R I.
Oh! vos ordres, Monfieur, ne feront point fuivis.
Je vole de ce pas chez Monfieur votre fils —
Je l'éveille. —
      M É R I N V A L.
     Henri! modère un zèle extrême.
Epancher fes douleurs dans un cœur que l'on aime,
Loin de les adoucir, c'eft les multiplier.
Le fardeau qui m'accable eft pour moi tout entier.
Depuis deux jours, mon fils venu dans cet afyle
Avec fa jeune époufe y goûte un fort tranquile:
N'allons point leur ravir les douceurs du repos;
C'eft à moi de veiller, de fouffrir tous les maux —

Henri — ce fils si cher — il ressemble à sa mère !
Ce sont ses traits , sa voix — va , te dis-je , j'espère
Que ces livres pourront m'attacher un moment ;
J'essairai d'y puiser quelque soulagement ;
Ils suspendront du moins mes cruelles alarmes ;
Hélas ! plus d'une fois ils ont reçu mes larmes.

SCENE III.

MÉRINVAL *seul, prend un livre , & après s'être efforcé de lire quelques instans, il le remet sur la table.*

Non , rien ne rend le calme à mes sens agités ;
Des fantômes toujours errent à mes côtés ;
Du malheureux Evard l'ombre pâle & sanglante ,
A mes yeux effrayés toujours se représente ;
Je vois — je vois ma femme à ses derniers moments
Demandant à mourir dans mes embrassements.
Qu'ai-je fait ? — enflammé d'un courroux légitime ,
J'ai vengé mon honneur — la vengeance est un crime :
Je l'éprouve à mon trouble , à mes tourments secrets !
Quels seroient donc les maux attachés aux forfaits ?
O Dieu , dont la colère en cet instant m'accable ,
Dieu ! le remords suffit pour punir le coupable ! —
   Il apperçoit son fils , & se levant avec vivacité.
Mon fils !

SCENE IV.

MÉRINVAL *père ,* MÉRINVAL *fils , dans un habit du matin , & annonçant le désordre & l'agitation.*

MÉRINVAL *fils.*

Qu'ai-je entendu , mon père ? —
   MÉRINVAL *père.*
       Quoi ! Henri. —
   MÉRINVAL *fils.*
Ne devoit rien cacher à mon cœur attendri :
J'apprends — vous ressentez une peine secréte !
Ah ! ne ménagez point ma tendresse inquiéte.
Auriez-vous des chagrins qu'on ne peut soulager ,
Mon père ? je pourrai du moins les partager.

J'accourois dans vos bras , après dix ans d'absence. —
MÉRINVAL *père.*
D'un serviteur zélé j'excuse l'imprudence.
Je n'ai point de chagrins , mon fils — il est des coups —
N'en sois jamais frappé — Mérinval , gardez-vous
D'écouter les transports d'une fureur jalouse —
Retournez , retournez auprès de votre épouse ;
Jouissez d'un bonheur , hélas ! que j'ai perdu.
Mon fils , le doux repos est fait pour la vertu. —
Allez , retirez-vous.
MÉRINVAL *fils.*
O ciel ! que je vous quitte !
D'un silence cruel votre douleur s'irrite !
Vos soupirs étouffés brûlent de s'exhaler !
Dans vos yeux , je surprends des pleurs prêts à couler !
Ah! dans le sein d'un fils , laissez-les se répandre ;
Il n'est point , croyez-moi , de cœur qui soit plus tendre ;
L'amour — vous me verrez embrasser vos genoux.
Il se jette aux pieds de son père.
Au nom de cet amour , parlez , expliquez-vous.
MÉRINVAL *père avec des larmes , & embrassant son fils.*
Leve-toi , mon cher fils — ainsi j'ai vu ta mère —
Que veux-tu ?
MÉRINVAL *fils.*
S'il se peut , vous consoler , mon père ,
Ou pleurer avec vous — Vous ne m'écoutez pas !
Votre trouble s'augmente — où portez-vous vos pas ?
Le père veut sortir , le fils s'oppose à son passage.
Vous céderez , mon père , à mes cris , à mes larmes ;
Vous daignerez m'ouvrir un cœur chargé d'alarmes —
Je n'en puis plus douter.
MÉRINVAL *père.*
Tu ne saurois guérir
Le chagrin — dont bientôt tu vas me voir mourir.
MÉRINVAL *fils.*
Seriez-vous offensé d'un nœud que la tendresse ,
Que même votre aveu sollicitoit sans cesse ?
Au moment où l'hymen formoit nos doux liens ;
Il est vrai qu'Eugénie a perdu tous ses biens ,
Dissipés sans retour par un revers funeste :
Mais tous les agrémens , mais la vertu lui reste ;
Et c'est-là le trésor qui fixe tous mes vœux —
N'auriez-vous pas mon cœur ?
MÉRINVAL *père.*
J'applaudis à tes feux,
Malheur à ces parents dont le pouvoir barbare
Veut asservir l'amour à la fortune avare ,

Et qui de leurs enfans fombres perfécuteurs,
Leur font un joug de fer des nœuds les plus flateurs?
Le trouble fuit toujours ces chaînes qu'on détefte.

MÉRINVAL *fils.*

Et d'où peut naître enfin ce chagrin fi funefte?
Un trifte événement qu'on a pu me cacher,
Mon père, de vos mains viendroit-il arracher
Ce bien, prix glorieux du fang de nos ancêtres,
Qu'ont encore groffi les faveurs de nos maîtres?
Ma fortune eft à vous, trop heureux —

MÉRINVAL *père.*

Non, mon fils,

Ce n'eft point l'intérét qui caufe mes ennuis;
L'indigence n'eft pas le coup le plus terrible :
Il eft des maux plus grands pour une ame fenfible —
Va retrouver ta femme, & — laiffe-moi mourir —
C'eft en vain —

MÉRINVAL *fils.*

Je faurai — Je veux vous fecourir.

MÉRINVAL *père.*

Tu prétends pénétrer un horrible myftère?

*Il court à fon fils, & le ferrant dans fes bras avec un
frémiffement.*

Ah! malheureux enfant, digne d'un autre père,
Que me demandes-tu? — Connois donc mon deftin :
D'un mot, je vais porter la terreur dans ton féin :
Dans ce vieillard mourant, objet de ta tendreffe,
Qui n'a d'ami que toi, qui dans fes bras te preffe,
Frémis, tu vas ouir le comble de l'horreur,
Tu vois — un meurtrier —

MÉRINVAL *fils.*

Ciel!

MÉRINVAL *père*

Un empoifonneur.

MÉRINVAL *fils.*

O ciel!

MÉRINVAL *père.*

C'eft encor peu, Mérinval, de ces crimes :
Quand tu feras inftruit du nom de mes victimes,
Tu frémiras bien plus, fans doute un Dieu vengeur
Veut aux regards d'un fils développer mon cœur;
Des effets furprenants d'un courroux implacable,
Lui montrer dans fon père un exemple effroyable!
Nous ferions malgré nous entraînés aux forfaits!
O fageffe éternelle! adorons tes décrets.
Mon malheur réunit tous les malheurs enfemble,
Tous les coups. Affieds-toi, mon fils; écoute, & tremble.

Au

Au fortir de l'enfance, un inftinct belliqueux
M'emporta fur les pas qu'ont tracés nos ayeux.
Pour modèle & pour chef je choifis ce grand homme ;
Ce célèbre Condé que la France renomme ;
Mes mains eurent l'honneur de porter fes drapeaux :
L'amour vint m'enlever à ces nobles travaux ;
Alors mes vœux en lui trouvoient le bien fuprême !
Les parens de Sophie, & Sophie elle-même,
Obtinrent d'un amant, pénétré de fes feux,
Qu'il ne fût plus foldat pour être époux heureux.
D'un hymen défiré les flambeaux s'allumèrent ;
Sous quel aufpice, ô Dieu ! ces liens fe formèrent !
Ce château m'attendoit ; il nous reçut tous deux
Pour y goûter en paix un'amour vertueux,
Augmenté par le tems, nourri par la conftance.
Ces beaux jours font enfin marqués par ta naiffance :
Je fuis père ; mon cœur s'ouvre aux plus doux plaifirs :
Malheureux ! je croyois à de fauffes careffes !
Qu'il me devoit, hélas ! vendre cher fes largeffes !
Séligni, que le fang à ma femme allioit,
D'une douce retraite avec moi jouiffoit ;
Il entroit dans cet âge où la fougueufe yvreffe
Surprend nos fens trompés, & corrompt leur faibleffe :
Une de ces beautés, l'opprobre de l'amour,
Enflamme Séligni, l'arrache à ce féjour,
L'entraîne fur fes pas dans la ville prochaine :
Ils alloient s'époufer : je m'oppofe à leur chaîne ;
Contre un cœur trop épris j'arme tous fes parens ;
On écarte l'objet de ces vœux imprudents,
Le fort nous favorife : il termine fa vie.
L'ardeur de Séligni n'en eft point refroidie ;
Sa haine contre moi s'empreffe d'éclater :
Peut-être aurois-je dû, moins prompt à l'irriter,
Pour vaincre fon penchant, employer plus d'adreffe.
L'indulgence a fouvent ramené la jeuneffe.
De fon parent, ma femme affoibliffant l'erreur,
Du foin de la combattre accufoit la chaleur ;
Des nuages légers entre nous s'élevèrent ;
La raifon & l'amour bientôt le diffipèrent ;
J'en devins plus heureux ainfi que plus épris.

M É R I N V A L fils.

Vous pleurez !

M É R I N V A L père.

Ah ! je dois verfer de pleurs, mon fils !
De mes maux, c'eft ici que la carrière s'ouvre ;
Toute mon infortune à mes yeux fe découvre ;
Eh ! quel enchaînement de revers pleins d'horreurs !

B

   Dans le fein de l'amour, comblé de fes douceurs,
Un autre fentiment preffoit encor mon ame :
J'éprouvois le befoin d'une nouvelle flamme,
J'implorois l'amitié . chère & funefte erreur,
Qui non moins que l'amour, a fait tout mon malheur.
Le retour de la paix dans ces cantons amène,
Un officier connu , que diftinguoit Turene ;
Par fon propre mérite, il s'étoit élevé;
On le nommoit Evard ; un efprit cultivé,
Des dehors prévenants, une heureufe figure
Paraiffoient annoncer une ame honnête & pure —
Il devient mon ami ; fon commerce attachant,
Pour mon fenfible cœur, tous les jours, plus touchant,
D'un père abfent de toi foulageoit la trifteffe.
Ta famille , à Paris appellant ta jeuneffe
Te formoit à ces arts que l'on néglige ailleurs.
Ne goûtant de l'amour que fes plaifirs flateurs,
J'ignorois ces tourments nés de la jaloufie,
Du cœur humain , hélas ! la plus fombre furie ! —
Ses ferpents enflammés paffent tous dans mon fein.
Un billet , dont mes yeux méconnaiffent le feing,
M'apprend que cet ami , ce monftre que j'embraffe,
Apporta dans ces murs tout l'enfer fur fa trace ,
Qu'il trahit l'amitié , la nature , le Ciel,
Qu'il refpire les feux d'un amour criminel,
Qu'il eft mon affaffin — un infâme adultère.
            MÉRINVAL *fils.*
Votre ami le plus cher !
            MÉRINVAL *père.*
                  Ce n'eft pas tout : ta mère. —
Quel aveu ! quels forfaits ! ta mère l'écoutoit,
Ta mère étoit coupable , & me déshonoroit.
            MÉRINVAL *fils.*
Ma mère , ô Dieu ! ma mère !
            MÉRINVAL *père.*
                  Elle combloit l'outrage :
Dans fon perfide fein , elle portoit un gage
De cet indigne amour fi fatal à tous trois.
            MÉRINVAL *fils.*
Ah *!* mon père , arrêtez — Tous les coups à la fois ! —
            MÉRINVAL *père.*
La foudre va les fuivre. Une feconde lettre
Qu'une main étrangère en mes mains fait remettre ;
Me confirme mon fort par cent détails affreux
Qui me percent toujours de traits plus douloureux.
Mon fils , quels noirs excès ma bouche te raconte !
Il ne m'eft plus permis de douter de ma honte ;

La vengeance me refte , & je cours l'embraffer ;
Je vole au fcélérat qui fut trop m'offenfer ;
Il cherche la raifon du courroux que j'annonce :
Le fer étincelant eft ma feule réponfe ;
Je le force à parer les coups d'un bras vengeur :
Il me femble à regret repouffer ma fureur ;
Il tombe , il ofe encore d'une voix défaillante,
M'appeller fon ami; lui ! ma rage s'augmente ;
Malgré moi cependant je détourne les yeux ,
Et je porte la mort dans fon flanc odieux.

MÉRINVAL fils.

Quel horrible poifon verfé fur votre vie !
Je fens tous vos revers ; mon ame en eft remplie.
Seroit-il des humains créés pour le malheur?

MÉRINVAL père.

Nous étions fans témoins : mais j'emportois mon cœur ,
Mon cœur , qui contre moi fe foulevoit fans ceffe ,
Qui de meurtre accufoit ma fureur vengereffe ,
Qui me peignoit Evard fous les traits d'un ami,
Egorgé de mes mains — ah ! je l'ai trop chéri !
Tout couvert de fon fang , accouru vers ta mère ,
Je lui crie : il eft mort l'ingrat qui t'a fu plaire.
— Que dites-vous? — Evard, le traître eft au tombeau,
Et c'eft moi qui l'y plonge , & qui fuis fon bourreau :
Voilà , femme perfide , où m'a conduit ton crime !
Tremble , & fois en ce jour ma feconde victime —
Je frappois : l'infidèle embraffant mes genoux,
Découvrant mille attraits à mes regards jaloux,
Tremblante , échevelée , expirant dans les larmes,
L'emporte , & de ma main , je fens tomber mes armes ;
Elle foutient qu'Evard , qu'Evard eft innocent —
Elle fe juftifie. Ah ! qu'il étoit puiffant
L'empire que l'ingrate avoit pris fur mon ame!
Que j'avois peine à vaincre une fi vive flamme ,
A croire que Sophie avoit pu me trahir !
J'allois plus que jamais fous fon joug m'affervir,
L'adorer. De ce cœur où rentroit la parjure,
Un troifieme billet vient rouvrir la bleffure,
Infulte à ma foibleffe , apporte un nouveau jour
A des yeux qui vouloient ne voir que mon amour.
Il faut donc m'y réfoudre , & la trouver coupable!
Son fort eft décidé. Ma main impitoyable,
Malgré des fentimens dont je dompte l'effort ,
S'empreffe à préparer le breuvage de mort,

Après un long filence.

Je le porte à ta mère.

MÉRINVAL *fils.*

O ciel !

MÉRINVAL *père.*

             — Reçois, perfide,
Le prix que te devoit ma vengeance timide ;
Ton juge te punit , & tu n'as plus d'époux ;
Prens , & meurs. Elle croit défarmer mon courroux :
— Je n'entends plus tes cris ; je ne vois plus tes larmes ;
Ces yeux trop deffillés font fermés fur tes charmes ;
Tu mourras. Auffi-tôt d'un front calme & ferein,
C'eft un préfent, dit-elle, offert par votre main ;
Je l'accepte avec joie : il finira mes peines.
Donnez.   (*Après un repos.*)
          L'affreux poifon a coulé dans fes veines.
  Ma victime expirante alors fe ranimant,
Accufe ainfi l'excès de mon reffentiment :
— Et c'eft vous qui caufez le trépas de Sophie !
Vous qu'elle a tant aimé ! — la noire jaloufie
Vous empêche aujourd'hui d'écouter la pitié ;
Vous avez immolé l'amour & l'amitié ;
Evard ne brûla point d'une ardeur criminelle,
Et vous eûtes toujours une époufe fidèle.
Trop tard vous gémirez fur mon fatal deftin.
Mais que vous avoit fait ce gage qu'en mon fein —
Je m'écrie à ce mot : ce qu'il m'a fait , cruelle !
— Mérinval, il étoit votre enfant, pourfuit-elle.
— Mon enfant ! — Oui, c'eft vous, c'eft fon père inhumain,
C'eft vous qui devenez fon horrible affaffin.
Mon enfant ! Cette image en mon ame jettée,
Des troubles de la mort une femme agitée,
Que fais-je ? la pitié qu'on ne peut étouffer,
Tous ces traits , de mes fens reviennent triompher.
Je volois au fecours d'une époufe mourante.
— Ces inutiles foins tromperoient votre attente ;
C'en eft fait , & la vie a pour moi difparu,
Tout eft fini. Le Ciel connoît feul la vertu.
Un fils nous refte encore , adoré de fa mère —
Que celui-là du moins trouve dans vous fon père ! —

MÉRINVAL *fils , en pleurant.*

O ma mère !

MÉRINVAL *père.*

      Elle dit , & me tendant les bras —
Je m'y jette — Je veux l'arracher au trépas,
Sous mes larmes rouvrir fa paupière égarée ;
Mon cœur preffe fon cœur —   *Après un long filence.*
               Elle étoit expirée.

MÉRINVAL *fils.*

Quel deftin ! je fuccombe à mon accablement.

MÉRINVAL *père.*

Mon fort t'eft dévoilé ; juge de mon tourment :
J'ai fatisfait l'honneur ; j'ai vengé mon injure ;
Et fans ceffe en mon ame un fombre accent murmure !
Le remords me confume ! Un ténébreux effroi,
Et la nuit & le jour s'élève autour de moi !
De ma femme , d'Evard les ombres menaçantes
Me pourfuivent partout , partout me font préfentes,
Jufques à cet enfant qui vient m'épouvanter ! —
Ils étoient criminels , je n'en faurois douter —
Et je ne goûte point la paix de l'innocence !
Le ciel fe feroit-il réfervé la vengeance ?
Sans ufurper fes droits , n'oferions-nous punir ?
Notre partage, hélas ! n'eft-il que de fouffrir ?

Il fe lève.

Après un tel aveu qu'un père a fait entendre ,
Vous concevez , mon fils , le parti qu'il doit prendre.
Si la religion n'eût arrêté mon bras ,
J'aurois depuis long-temps avancé mon trépas.
Vivre eft un châtiment que fon ordre m'impofe ;
Du refte de mes jours qu'elle feule difpofe :
Je cours m'enfevelir dans ces afyles faints ,
Ouverts par fa clémence aux malheureux humains ;
J'y donnerai des pleurs à ces triftes victimes.
J'aurois dû pardonner : j'ai partagé leurs crimes ;
Oui , coupable comme eux — S'ils étoient innocents !

SCENE V.

MÉRINVAL *père*, MÉRINVAL *fils*, UN DES DOMES-
TIQUES DE MÉRINVAL *père.*

LE DOMESTIQUE , *à Mérinval père.*

Cette lettre , Monfieur —
MÉRINVAL *fils, fur le devant du théâtre , & dans
l'accablement.*

Quel trouble en tous mes fens !
MÉRINVAL *père, au Domeftique.*

De qui ?

LE DOMESTIQUE.

D'un inconnu.

MÉRINVAL *père*,
  Donne. Point de réponfe?
LE DOMESTIQUE.
Non, monfieur.
   MÉRINVAL *père*.
  Cet écrit. — Voyons ce qu'il m'annonce....
Eh ! n'ai-je pas atteint au comble des malheurs ?
Qu'aurois-je à craindre encor ? *Au Domeftique.*
   Laiffe-nous.
     Le Domeftique fort.

SCENE VI.

MÉRINVAL *père*, MÉRINVAL *fils*.

MÉRINVAL *père, après avoir lu la lettre & l'avoir mife dans fa poche, tache un moment de fe contraindre, & tombe tout à coup dans le fauteuil qui eft près de la table, en s'écriant :*

       JE me meurs.
  MÉRINVAL *fils, courant à fon père.*
Quel mal foudain vous preffe ? Ecoutez-moi, mon père. —
Daignez. — Il toucheroit à fon heure dernière !
  Il va au fond du théâtre, & à haute voix.
Hôla, quelqu'un ! Henri ! venez tous — du fecours !

SCENE VII.

MÉRINVAL *père*, MÉRINVAL *fils*, HENRI,
& plufieurs autres DOMESTIQUES *accourant.*

MÉRINVAL *fils, à Henri, & enfuite aux autres Domeftiques.*

MOn père eft expirant. — Prenons foin de fes jours ;
Dans fon appartement qu'on m'aide à le conduire.
*On emmène Mérinval père, qui eft toujours fans mouvement ;
  il a la tête penchée dans le fein de fon fils.*
O ciel ! à tant de coups mon cœur peut-il fuffire ?

   Fin du premièr Acte.

ACTE II.

SCENE PREMIERE.

MÉRINVAL *père*, MÉRINVAL *fils*, EUGÉNIE, ROSE, HENRI, DEUX AUTRES DOMESTIQUES.

MÉRINVAL *père, toujours en robe de chambre, a dans les mains une épée dont il veut se percer : il est entouré des Acteurs qu'on vient de nommer ; son fils surtout tente de lui arracher cette épée. Eugénie, après s'être unie aux efforts de son mari, pousse un cri au moment où elle voit son beau-père prêt à s'ôter la vie ; elle tombe évanouie dans les bras de Rose, tandis que Mérinval fils s'obstine à vouloir s'opposer à la fureur de son père.*

MÉRINVAL *fils, à son père, & s'efforçant de lui ôter l'épée.*

VOus n'accomplirez pas cet horrible dessein,
Mon père — non —
HENRI, se joignant au fils.
Monsieur. —
MÉRINVAL fils à son père.
Percez plutôt mon sein,
Attenter à vos jours ! quelle aveugle furie ? —
Daignez envisager ma femme évanouie. —
Ah ! vous nous frappez tous. —
Il lui arrache l'épée qu'il jette loin de lui, & que Henri ramasse,
& donne à un autre Domestique.
A Henri.   De ses mains écarté,
Que ce fer pour jamais, Henri, lui soit ôté ;
Asséyons-le. *Aidé de Henri & des autres domestiques, il as-sied Mérinval père à qui il échappe des mouvemens convul-sifs, qui ensuite lève les yeux au ciel, gémit, & tombe dans un profond accablement de douleur ; son fils l'embrasse.*
Mon père. — Il ne veut point m'entendre !
Hélas ! c'est votre fils, votre ami le plus tendre. —
A Henri, qui est près de Mérinval père.

Obſerve bien. — 　　　　*Il va à ſa femme.*
　　　　　　　Reprends tes eſprits égarés ;
Calme toi : tes regards vont être raſſurés.
Eugénie revient de ſon évanouiſſement, regarde Mérinval père,
　　　　& reſte toujours dans les bras de Roſe.
Nous ſaurons adoucir ce déſeſpoir farouche. —
　　　　Il retourne à ſon père.
Ne vous ſuis-je plus cher ?
　　　　　　　　Son père lui ſerre tendrement la main.
　　　　　　　　　Eh bien ! ſi je vous touche,
Si la nature encor vous parle en ma faveur,
Ma voix déſarmera cette ſombre fureur ;
J'en apprendrai du moins la cauſe inconcevable ;
Jettez ſur nous les yeux : votre état nous accable.
Mérinval père lève la tête ; après avoir pouſſé un long gémiſ-
　　　ſement, il fait ſigne de la main à Henri & aux autres Do-
　　　meſtiques de ſe retirer.
Cedez à ſes déſirs. *Aux Domeſtiques.* Allez, éloignez-vous.
Mérinval père fait de nouveaux ſignes de la main pour qu'Eu-
　　　　génie & Roſe ſe retirent auſſi.
A Eugénie.
Suis leurs pas. A l'inſtant tu revois ton époux.

SCENE II.

MÉRINVAL père, MÉRINVAL, fils.

Mérinval père toujours dans le même accablement, a la tête ap-
puyée ſur ſa main.

MÉRINVAL fils.

Vous êtes obéi : nous ſommes ſeuls ; peut-être,
Mon père m'inſtruira d'où ce tranſport peut naître ?
Faut-il en accuſer ce malheur effrayant,
Dont le tems vous rendra le fardeau moins péſant ? —
Chaſſez de votre eſprit ces terreurs formidables. —
Eloignez une image. —
MÉRINVAL père, ſe levant avec emportement, pouſſant un
　　　cri lugubre, & tendant ſes mains vers le ciel.
　　　　　　　Ils n'étoient point coupables.
Il retombe dans le fauteuil, accablé de ſa ſituation.
MÉRINVAL fils.
Qu'ai-je entendu ! ma mère ! — ô douleur ! ô regrets !

MERINVAL

MÉRINVAL *père, tirant précipitamment une lettre de fa poche,*
　　　& la donnant à fon fils.

Tiens : lis, lis ; dans mon fein enfonce tous les traits.

MÉRINVAL *fils, prend la lettre ; pendant ce tems , fon père*
　eft agité de divers tranfports de douleur & de défefpoir ;
　il fe couvre le vifage de fes mains. Mérinval fils lit à
　haute voix.

　Je puis enfin jouir d'une jufte vengeance !
　　Je commencerai par t'offrir
L'image des tourments dont tu me fais mourir ;
　　Ils ont paffé ton efpérance.
Pour moi dans l'univers il n'eft plus de plaifir,
　　Qu'un feul, qu'un feul que je goûte d'avance !
　　Plus que moi tu pourras fouffrir.
　Rappelle tes excès : armé contre la flamme
Qu'un amour violent allumoit dans mon ame,
Ton caprice à fes loix prétendit m'affervir.
L'objet que j'adorois, victime de ta rage,
Eprouva par tes coups le fort le plus affreux ;
D'un hymen attendu nous préparions les nœuds ;
Ta fureur les rompit ; elle ofa davantage :
Loin de moi, mon amante enlevée à mes vœux,
Vit flétrir fes beaux jours dans un dur efclavage ;
Le chagrin dans la tombe eft venu la plonger ;
Elle eft morte, en un mot, cette femme chérie !
　　Je l'aime encore avec idolâtrie !
　　Et j'ai vécu pour la venger.
　Mon ame ici fe répand toute entière.
Tels furent tes bienfaits : en voici le falaire :
　　Habile à me jouer de ta crédulité,
(Que l'amour qui fe venge, eft un puiffant génie !
　　J'ai fu, dans ton fein agité,
Jetter tous les ferpens, toute l'atrocité
　　D'une ftupide & noire jaloufie.
J'ai fafciné tes yeux, dénaturé ton cœur,
Perverti ta raifon. En efclave docile,
Tu fervois à mon gré mon avide fureur ;
Sur tous tes mouvemens j'avois un œil tranquile ;
Chaque jour j'ajoutois à ton aveugle erreur.
Oui, c'eft moi qui fans ceffe irritant ta colère,
Par le fecours heureux d'une main étrangère
T'écrivois, nourriffois, échauffois tes tranfports,
Subjuguois ton amour, étouffois tes remords.
C'eft moi qui dirigeant un de tes domeftiques,
　　Par l'intérêt, à mes projets foumis,
Ai de fes faux rapports appuyé mes écrits,
Et t'ai fait embraffer mille objets fantaftiques ;

　　　　　　　　　　　　　C

Je comptois tous tes pas dans le piège affermis;
Jusqu'au bout ma vengeance a dévoré sa proie.
Vois donc tous tes forfaits, & sens toute ma joie:
Evard étoit l'exemple des amis;
Ta femme, celui des épouses;
Cet enfant, il étoit le tien;
Tous les trois, je sais tout, on ne m'a caché rien,
Ont succombé sous tes fureurs jalouses. —
Mérinval fils jette la lettre sur la table, & court avec précipi-
tation vers le fond du théâtre.

MÉRINVAL *père.*

Où vas-tu, Mérinval?

MÉRINVAL *fils.*

De cent coups réunis
Percer le monstre affreux. —

MÉRINVAL *père.*

Il n'est plus tems, mon fils!
L'impunité — reprends cette lettre fatale.

MÉRINVAL *fils, revient sur ses pas, reprend la lettre, &*
continue de lire.

Et c'est où t'attendoit un amant outragé!
En vains éclats ton désespoir s'exhale.
Ne meurs pas, ne meurs pas; j'en serai plus vengé:
Souffre après ce revers tout le malheur de vivre.
C'est à ton propre cœur que Séligni te livre. ——
Ne vas point concevoir le projet insensé
De vouloir m'égaler dans l'art de la vengeance;
Mon sort, quand jusqu'à toi ma lettre aura passé,
Ne sera plus en ta puissance;
Sous un ciel étranger j'aurai fixé mes pas.
Puisse ma haine encore survivre à mon trépas!
D'un asyle ignoré, j'insulte à ta souffrance.
Et ma main ne sauroit lui déchirer le flanc,
S'enfoncer à plaisir dans son cœur tout sanglant!
J'irai. — Je surprendrai sa trace fugitive. ——
Ma mère. —

MÉRINVAL *père.*

Eh bien, mon fils, tu voudras que je vive?
Il se lève avec fureur, & court à son fils avec le même emportement;
Mérinval, de ton bras, j'attends les premiers coups.
Du ciel qui m'a proscrit, assouvis le courroux;
Il lui découvre son estomach.
Perce un cœur fatigué du poids de l'infortune.
Tout, tout m'est odieux, me blesse, m'importune:
Toi-même — hâte-toi d'aneantir ce cœur,
Eternel aliment d'un éternel malheur;
Et montre toi mon fils, en m'arrachant la vie.

MÉRINVAL *fils, embraſſant ſon père.*
Que la mienne plutôt cent fois me ſoit ravie !
Eh ! mon père, quittez, quittez ce noir deſſein ;
Vous nous plongez à tous un poignard dans le ſein.
Pendant ce tems, Mérinval père va ſe rejetter dans le fau-
teuil, & laiſſe échapper divers mouvemens d'agitation ; il
pleure, il a la tête penchée ſur ſon ſein.
Au nom de la tendreſſe, au nom de la nature
Qui par me bouche, hélas ! vous preſſe, vous conjure,
Mon père, accordez-moi — daignez vous rendre aux pleurs
          Il ſe jette à ſes pieds.
Dont j'arroſe vos pieds en ce moment d'horreurs ;
Si vous reſtez toujours à ces pleurs inſenſible,
Si vous gardez toujours un eſprit infléxible,
Que le ſang près de vous réclame envain ſes droits,
De la religion braverez-vous les loix ?
C'eſt elle. —
        MÉRINVAL *père.*
   Mérinval, ils n'étoient point coupables !
        MÉRINVAL *fils.*
Ecartez, écartez des tableaux effroyables.
Sans être criminel, l'erreur vous a perdu ;
Mais domptez votre ſort à force de vertu.
Promettez donc au ciel, dont aujourd'hui vous-même
Reconnaiſſez l'empire, & la bonté ſuprême,
Promettez de porter le fardeau de vos jours,
Et ſenſible à nos ſoins, d'en reſpecter le cours.
Triomphez des aſſauts qu'un noir chagrin vous livre.
MÉRINVAL *père, relevant ſon fils, ſe levant lui-même, &*
     s'avançant avec Mérinval au devant du théâtre.
Tu ſeras ſatisfait : oui, je promets de vivre,
Ou plutôt de traîner une éternelle mort.
Mon ame pour jamais eſt ouverte au remord ! —
Mais à ces pleurs, mon fils, ſi tu veux que je cède
Pour ſoulager mes maux, il n'eſt qu'un ſeul remède.
Tu me l'as rappellé ; tantôt je te parlois
De cet aſyle ſaint où déjà je volois ;
Eh ! que n'ai-je ſuivi cette heureuſe penſée !
Cet écrit, le tourment de mon ame oppreſſée,
Aux mains d'un malheureux ne ſeroit point tombé ;
A ſes derniers revers il ſe fût dérobé.
Cet aſyle m'attend ; ne vas point me combattre ;
Là, du moins, je vaincrai le ſort opiniâtre ;
Je défierai la vie, & ſes ennuis cruels ;
Le malheur pourſuit-il juſqu'au pied des autels ?
        MÉRINVAL *fils.*
Vous ſéparer de nous !
             C ij

MÉRINVAL *père.*

Tu veux que ma conſtance
Supporte le fardeau d'une horrible exiſtence.
Le deſſein en eſt pris. Tu rempliras mes vœux.
Je parts, dès ce moment. Qu'on l'ignore en ces lieux;
Que ta femme ſur-tout n'en ſoit point informée;
J'aurois à redouter ſa tendreſſe allarmée.
Arrivé par degrés à tant d'adverſité;
Dans l'abyme profond où le ſort m'a jetté,
Il n'eſt qu'un Dieu, mon fils, dont le bras me ſoutienne;
Et je vole à ce Dieu. Cours préparer. —— *Il l'embraſſe.*

J'ai peine
A te laiſſer ſortir de ce ſein paternel!
Je ne ſais. — Mérinval — mon fils. — Va.

MÉRINVAL *fils, fait quelques pas, & revient.*

Le cruel!
Il échappera donc à ma main vengereſſe!
Le monſtre jouira de ſa ſcélérateſſe! —
Quoi! l'on ne ſaura point. ——

MÉRINVAL *père.*

Vains efforts! l'inçonnu
Qui donna cette lettre, a ſoudain diſparu.
Séligni — laiſſe à Dieu le ſoin de ſon ſupplice:
Il ne peut ſe ſauver, mon fils, de ſa juſtice;
Le bras qui le menace, & qui s'appeſantit,
Atteint par-tout le crime, & par-tout le punit;
Eh! n'a-t-il pas ſon cœur qui me venge ſans doute?
Dérobe-moi les pleurs que mon départ te coûte.
J'emporte, en te quittant, l'eſpoir conſolateur
Que mes revers pourront affermir ton bonheur;
Mérinval, je te laiſſe une image terrible
Des excès où s'égare une ame trop ſenſible.
Va, te dis-je, & reviens promptement. ——

SCENE III.

MÉRINVAL *père, ſeul, regardant ſon fils juſqu'au
moment qu'il l'ait perdu de vue.*

De ſes bras
A regret détaché — quels ſont mes vœux, hélas?
Anéanti, briſé ſous cent coups de tonnerre,
Je voudrois m'enfoncer au centre de la terre,
M'y cacher à moi-même; & je ne puis quitter
Ces lieux que j'ai ſouillés, que je dois déteſter.

Mon fils, après dix ans d'une abfence cruelle,
M'eft rendu : ma tendreffe en ces murs le rappelle ;
Et ce jour, ce moment — à peine je le vois !
J'embrafferai mon fils pour la dernière fois ! ———
Malheureux ! eft-ce à toi de fentir la nature ?
Elle t'accufoit trop ! fon lugubre murmure
T'avertiffoit affez de tous tes attentats ;
Non, la voix du remords ne fe repouffe pas.
Mon ami — mon époufe — ah ! ma chère Sophie,
Je poffédois ton cœur, & j'ai tranché ta vie !
Cet enfant, cet enfant, c'étoit le mien ! ô cieux ! ———
  Après un repos.
Je ne faurois trop tôt m'exiler de ces lieux.
Partons — allons mourir. Dans ma douleur profonde,
Dois-je tourner encor mes regards vers le monde ?
C'eft un fonge qui fuit de mes fens éperdus !
Les nœuds qui m'attachoient, je les ai tous rompus !
Fatigué de la vie, au bout de ma carrière,
Je n'envifage plus, dans la nature entière,
Qu'un cercuëil ——— je l'embraffe, & j'y porte avec moi
D'inutiles regrets, les remords & l'effroi !
Maître de nos deftins, mon unique réfuge,
O mon Dieu, fois mon père, & ne fois point mon juge —
Mon fils ne paraît point ! rebelle à mes fouhaits,
Voudroit-il me fermer ce féjour de la paix ?
Eh ! ce n'eft qu'aux autels qu'une ame défolée
Peut dépofer les maux dont elle eft accablée,
Et quel autre en effet que ls religion
Daigneroit m'accorder de la compaffion ?
Hélas ! l'humanité que j'ai trop outragée,
Par mes tourmens n'eft point encore affez vengée. —
Qu'il tarde à fe montrer ! — d'où vient que plus troublé. —
J'entends — c'eft Mérinval. ——— *Il apperçoit Eugénie.*
    Il a tout révélé ! ———

Eugénie ! ———

SCENE IV.

MÉRINVAL père, EUGÉNIE, ROSE.

EUGÉNIE, *accourant précipitamment vers son beau père, & dans un désordre qui décèle son agitation.*

AH ! monsieur ! ah ! mon père !
MÉRINVAL.
      Des larmes ! —
Expliquez-vous : pourquoi ces soudaines alarmes ?
EUGÉNIE.
Mon père ! Mérinval. —
  MÉRINVAL.
     Mon fils — eh bien ! mon fils. ——
EUGÉNIE.
Vient de quitter ces lieux.
  MÉRINVAL.
     Rassurez vos esprits :
Bientôt nous le verrons.
  EUGÉNIE.
     D'une trop juste crainte ;
Loin de la dissiper, tout redouble l'atteinte ;
Il est sorti, mon père, enflammé de fureur.
  MÉRINVAL.
Qui ?
  EUGÉNIE.
  Mon époux.
  MÉRINVAL, *à part.*
    Mon fils ! — ô nouvelle terreur !
EUGÉNIE.
Un inconnu l'aborde ; il lui parle à voix basse ;
Aussitôt Mérinval jette un cri qui me glace,
S'élance à son épée, & fuyant de mes bras,
S'échappe — il disparaît !
  MÉRINVAL.
A Rose.   Qu'on vole sur ses pas.
Amenez-moi Henri : que tout ici le suive. *Rose sort.*

SCENE V.

MÉRINVAL *père*, EUGÉNIE.

MÉRINVAL, *troublé.*

O Dieu ! Dieu ! retenez mon ame fugitive !
Quel avenir m'attend ? — qu'eſt devenu mon fils ?
Si c'étoit ce cruel — mes ſens d'effroi ſaiſis. ——
Laiſſa-t-il dans ces murs ſon infernal génie ?
Faut-il encor trembler ? —— *à Eugénie.*
                  Vous dites, Eugénie. ——
Un étranger — comment ! — par quel deſtin fatal. ——

SCENE VI.

MÉRINVAL *père*, EUGÉNIE., HENRI, ROSE,
pluſieurs autres Domeſtiques.

MÉRINVAL *père*, *à Henri.*

H Enri, j'ai tout perdu — qu'on cherche Mérinval ;
Un inconnu — ſachez — allez — *à part.* Où doit-il être ?
                  A tous les Domeſtiques
Aux portes de la ville on l'atteindra peut-être ;
Remontez vers le bois — du côté des torrents. ——
Chacun de vous prendra des chemins differents,
De tous les voyageurs aura ſoin de s'inſtruire. —
Les Domeſtiques ſe retirent chacun par des côtés differents ;
     Mérinval court vers eux, & les ramène.
Revenez, mes amis. — Je n'ai pas pu vous dire. —
Examinez — portez des regards curieux ;
Obſervez. — Ah ! d'un père aurez-vous bien les yeux ?
C'eſt le fils le plus cher que je vous redemande. —
Ramenez-moi mon fils ; courez — *Il les rappelle encore.*
                  Non, qu'on m'attende. ——
J'irai — je veux — mes pas ſont par l'âge affaiblis. —
Ranimé par l'amour, je trouverai mon fils. —
     A Eugénie.
Je ſaurai diſſiper cette nuit de triſteſſe. —
Je remets dans tes bras l'objet de ta tendreſſe.
     Il ſort accompagné de Henri, & de ſes autres Domeſtiques,

SCENE VII.

ÉUGÉNIE, ROSE.

EUGÉNIE, *en pleurant.*

IL veut me raffurer, quand lui-même éperdu. —
A mes pleurs Mérinval ne fera point rendu !
Tous mes fens font remplis du fombre effroi d'un fonge :
J'entends des cris plaintif — dans le fang je me plonge. —
Je marche fur des morts — j'accours à mon époux. —
Je le vois expirant — percé de mille coups ! —

ROSE.

Eh ! pourquoi vous former ces funèbres images,
Madame ?

EUGÉNIE.

Je me livre aux plus triftes préfages. —
Tout m'afflige & m'effraie.   *à Rofe.*

Ah ! tu n'as point aimé !
Le véritable amour eft fans ceffe alarmé. ——
Quel feroit l'inhumain dont nous parloit fon père ?
Il le connait — tous deux — pénétrons ce myftère.
Sachons où Mérinval peut-être en ce moment ;
Allons nous oppofer à leur emportement ;
Les cruels — ils feront attendris par mes larmes ;
Je m'expofe à leurs coups ; je vole entre leurs armes ;
Je fauve Mérinval ; ou le fer affaffin
Terminera mes maux, en me perçant le fein.

Fin du fecond Acte.

ACTE III.

SCENE PREMIERE.

EUGÉNIE, ROSE.

EUGÉNIE, *égarée de douleur.*

QUOI, toujours incertaine, aux alarmes livrée,
Portant de toutes parts ma douleur égarée,
Et ne pouvant faifir la plus faible clarté !
Quel deftin accablant ! quelle perplexité !
Rofe, de Mérinval on n'a point de nouvelles ?
Son père — il m'abandonne à ces terreurs mortelles !
Perfonne n'a paru ?

ROSE.

Perfonne. Il faut penfer,
Madame, que bientôt vos craintes vont ceffer.
Dans leur zèle empreffé parcourant cet afyle,
Ils auront étendu leur recherche à la ville,
Obfervé les chemins, & les lieux d'alentour.
A vos vœux fatisfaits, tout promet leur retour ;
J'embraffe avec tranfport cette flateufe attente :
Eloignez des objets que la triftefle enfante.

EUGÉNIE.

Ils femblent malgré moi s'attacher à mes pas !

ROSE.

Vous verrez votre époux. —

EUGÉNIE, *d'un ton de douleur.*

Je ne le verrai pas.
Je ne le verrai plus ! le tourment le plus rude
Reviendra fuccéder à tant d'inquiétude.
Si le ciel daigne enfin m'éclairer fur fon fort,
Rofe, n'en doute point, on m'apprendra fa mort.
Voilà fur quel objet mon ame eft arrêtée !
Voilà dans quel malheur je fuis précipitée !
Etoit-ce mon efpoir ?

ROSE.

Quel étrange penchant

D

Vous preffe d'écouter un noir preffentiment?
Madame, efpérez mieux de votre deftinée.
          E U G É N I E.
A peine j'ai formé les nœuds d'un hyménée
Où j'attachois, hélas! un bonheur qui n'eft plus;
En! je laiffe echapper des regrets fuperflus.
Ma raifon ne fauroit, de ce trouble maîtreffe,
Etouffer une voix qui s'élève fans ceffe:
Le ciel qui nous pourfuit, devoit fervir nos vœux:
Pleins d'un doux fentiment, nous venons en ces lieux
Pour embraffer un père, & confoler fon âge;
L'avenir nous offroit une riante image,
Je touche, (de ce ciel eft-ce haine ou faveur?)
Au moment où je dois confacrer mon ardeur,
Sceller cette union à mon amour fi chère,
Au nom d'époufe enfin joindre le nom de mère,
Et foudain Mérinval, par un événement
Qu'à mes yeux inquiets on cache vainement,
Court, fans doute empreffé de venger quelque outrage;
Avec un ennemi mefurer fon courage.——
Tu la déments envain: j'en croirai ma douleur,
Ce fentiment profond dont j'éprouve l'horreur.——
Il paira de fon fang le tranfport qui l'anime;
Des hafards du combat il fera la victime;
Je ne m'aveugle point: je perdrai mon époux.——
Et je n'ai pu favoir.——

S C E N E   I I.

MÉRINVAL *père*, EUGÉNIE, ROSE, *un*
DOMESTIQUE *qui foutient Mérinval, & qui l'aide*
à marcher. On obfervera qu'il eft habillé.

E U G É N I E, *courant au-devant de lui.*

IL n'eft point avec vous!
Ah! parlez — il feroit inutile de feindre:
Mérinval m'eft ravi? *à Rofe.*
                    Je n'avois rien à craindre?——
Tu le vois. Mon malheur n'eft donc plus incertain!
M E R I N V A L, *que l'on affied dans le fauteuil qui eft*
                    près de la table.
Nous ignorons encor, ma fille, fon deftin!
          E U G É N I E.
Et revenu fans lui!

MÉRINVAL.
La vieilleſſe peſante
A ſecondé du ſort la haine trop conſtante.
Mes pas précipités. — Je volois vers mon fils —
Et d'un flateur eſpoir mes ſens étoient remplis;
De tes larmes enfin j'allois tarir la ſource,
Quand ma force trahie a ſuſpendu ma courſe.
EUGÉNIE.
Ciel!

MÉRINVAL.
Et ſans Mérinval on me ramène ici.
Eſpérons cependant. Le fidèle Henri
Emploie à le chercher tout l'effort de ſon zèle ;
Mes autres ſerviteurs, pleins d'une ardeur nouvelle,
Ont redoublé leurs ſoins, courant de toutes parts
Dans les hameaux voiſins, ſur les routes épars —
On trouvera mon fils. — Trop cruelle vieilleſſe !
Un père devoit-il éprouver ta faibleſſe ?
Et les cœurs échauffés des plus vifs ſentiments
Sont-ils faits pour céder à l'outrage des ans ?
Ah ! ma chère Eugénie, appaiſe tes alarmes ;
Hélas ! c'eſt dans mon ſein que vont couler tes larmes.
à part.
Un inconnu. — Je crains quelque nouveau forfait
EUGÉNIE *examinant Mérinval.*
Vous vous troublez, mon père ! — on me cache un ſecret.
MÉRINVAL, à part.
O Dieu! ſi de mes maux la cauſe eſt découverte. —
A Eugénie.
Que dites-vous ? — Mon ame à des ſoupçons ouverte. —

SCENE III.

MÉRINVAL père, EUGÉNIE, ROSE, UN
DOMESTIQUE, un ſecond DOMESTIQUE.

MÉRINVAL ſe levant avec précipitation, & faiſant quelques pas vers le nouveau Domeſtique.

EH bien ! l'a-t-on revu ? dans quels lieux ?
LE SÉCOND DOMESTIQUE.
C'eſt en vain
Que nous avons, monſieur, parcouru le chemin
Qui borde la forêt, & conduit à la ville.
Juſqu'ici la recherche eſt encore inutile;

Nous avons redoublé nos soins impatiens,
Rien ne s'est découvert à nos yeux vigilants. —
Monsieur, vous connaissez le zèle qui m'inspire.

MÉRINVAL.

Mais a-t-on demandé ?

LE SECOND DOMESTIQUE.

Nul n'a pu nous instruire.

MÉRINVAL, *à part.*

Tout trahit mon espoir, se refuse à mes vœux !

EUGÉNIE, *avec vivacité, à Mérinval.*

Ils n'auront point cherché ! — se reposer sur eux !
Mon père — les cruels ! savent-ils comme on aime ?
Ils ne l'ont point trouvé ! j'irai, j'irai moi-même. —

MÉRINVAL.

Qu'espérez-vous ?

EUGÉNIE.

L'amour affermira mes pas,

Eclairera mes yeux. — Je ne reviendrai pas,
Sans ramener ce fils, cet époux que j'adore,
Mon père, & vous voulez que je balance encore !

MÉRINVAL.

Au Domestique.

Répondez ; avec vous ils se sont transportés
Dans ces hameaux lointains, de la route écartés ?

LE SECOND DOMESTIQUE.

Oui, monsieur, sans succès.

MÉRINVAL.

Par la moindre lumière ?

LE SECOND DOMESTIQUE.

Rien qu'un zèle inutile.

MÉRINVAL.

O trop malheureux père !

LE SECOND DOMESTIQUE.

Mais vous n'ignorez pas que monsieur votre fils
Est à peine connu, même dans ce logis :
Venu depuis deux jours. —

MÉRINVAL, *avec transport.*

Des recherches nouvelles. —

Mon ami, retournez — courez — ayez des aîles. —
Je saurai le payer, ce service important ;
Allez, attendez tout d'un cœur reconnaissant.

Le second Domestique sort.

à part. O ciel ! je donnerois ma fortune, ma vie. —
Conserve-moi mon fils. —

S C E N E   I V.

MÉRINVAL *père*, EUGÉNIE, ROSE, LE PREMIER
D O M E S T I Q U E.

MÉRINVAL, *à Eugénie éplorée dans le sein de Rose.*

O Ma chère Eugénie !
Ne t'abandonne point au sombre désespoir,
Nous serons infortunés — Nous allons le revoir ;
Non, ce n'est point, ma fille, une attente frivole.
    A part, & s'avançant aux bords du théâtre.
Que dis-je, malheureux ! & c'est moi qui console !
Accablé sous le poids de revers inouis,
Faut-il que j'aie encore à trembler pour un fils ? ——
Séligni dans mon ame a rapporté la crainte !
Cette effrayante image y doit rester empreinte.
Tous les traits, dont je meurs, sont partis de sa main.

S C E N E   V.

MÉRINVAL *père*, EUGÉNIE, ROSE, LE PREMIER
DOMESTIQUE, UN TROISIÉME DOMESTIQUE.

MÉRINVAL *père, avec vivacité au troisième Domestique,*

IL m'est, il m'est rendu ?
    LE TROISIEME DOMESTIQUE.
        Nous le cherchons envain.
       E U G É N I E, *à Mérinval.*
Incessamment mon cœur se relève & retombe ;
Je n'ai plus d'espérance, & ma force succombe ;
Sentir les coups affreux qu'aujourd'hui je reçois,
Ce n'est point vivre : hélas ! c'est mourir mille fois,
Pourrois-je m'abuser ? sa perte est assurée,
Et la mienne. ——
        MÉRINVAL.
      Mon ame au désespoir livrée. ——
Au troisième Domestique.
Point de nouvelles ! Dieu ! nul rayon ne me luit !

LE TROISIEME DOMESTIQUE.
On n'a rien découvert. Seulement on m'a dit.——
MÉRINVAL.
On t'a dit ? — Parle, parle.——
EUGÉNIE, *au Domeſtique.*
Achève.
MÉRINVAL.
O Providence !

Mérinval.——
LE TROISIEME DOMESTIQUE.
Sur la route où le vallon commence.——
MÉRINVAL.
Eh bien !
LE TROISIEME DOMESTIQUE.
On a trouvé, monſieur, un corps ſanglant.
EUGÉNIE.
C'eſt lui !
MÉRINVAL.
Mon fils !
EUGÉNIE.
Courons, mon père, & qu'à l'inſtant —
MÉRINVAL.
Je ne puis ſoutenir — mes forces m'abandonnent !
Les ombres de la mort, ma fille, m'environnent.
Tu n'aurois plus d'époux ! je n'aurois plus de fils !
Il va s'appuyer la tête ſur un fauteuil.
LE TROISIEME DOMESTIQUE.
On répand que c'étoit un voyageur.——
MÉRINVAL.
Tu dis.——
Un voyageur — mes ſens — je reviens à la vie.
Ce n'eſt point Mérinval ; tu l'entends, Eugénie ;
Nous nous précipitons au-devant du malheur ;
Que l'eſpoir a de peine à ſortir de mon cœur !
Au troiſième Domeſtique.
A-t-on pu diſtinguer ſon rang, ſes traits, ſon âge ?
LE TROISIEME DOMESTIQUE.
Je n'ai ſu rien de plus.
EUGÉNIE.
Que faut-il davantage ?
MÉRINVAL, *à Eugénie.*
Eh ! laiſſez-moi douter. Mon eſprit incertain,
Se plaît à repouſſer un horrible deſtin ;
Pourquoi ſur des ſoupçons.——
EUGÉNIE.
Sur des ſoupçons, mon père ?
Qu'exigez-vous encor ? La vérité m'éclaire !

LE TROISIEME DOMESTIQUE , *à Mérinval.*

On prétend qu'il fortoit de ces lieux. ——

MÉRINVAL.

C'en eft fait !

Je vois tout mon malheur. Voilà le dernier trait,
Ciel !   *Mérinval eft dans l'accablement.*

SCENE VI.

MÉRINVAL *père*, EUGÉNIE, ROSE, *plufieurs*
VASSAUX, *les deux* DOMESTIQUES.

UN DES VASSAUX, *accourt avec joie à Mérinval père.*

IL eft retrouvé !

MÉRINVAL.
Mon fils !

LE VASSAL.

Pour vous l'apprendre ,
A l'envi dans ces lieux nous brûlions de nous rendre,
Monfieur , nous l'avons fu du fidèle Henri ;
Il eft inftruit du fort de ce fils fi chéri.
Il marche fur nos pas , & vous allez l'entendre.
MÉRINVAL , *courant fucceffivement à fes Vaffaux , les fer-*
rant dans fes bras.

Que j'ai, dignes amis , de graces à vous rendre !
Comment d'un tel bienfait envers vous m'acquiter ?
A Eugénie.
Par de plus doux tranfports laiffons-nous agiter. ——
Mon fils — eft-il bien vrai qu'un père te revoie ?
Tout mon cœur — j'ofe encor reffentir de la joie !
EUGÉNIE , *faifant quelques pas vers le fond du théâtre , &*
regardant de tous côtés.
Mais — il ne paraît point !

MÉRINVAL.

Va ! tu peux efpérer ;
A de vaines frayeurs ceffe de te livrer.
Mes amis — pardonnez au trouble qui m'infpire ;
De l'amour paternel vous connaiffez l'empire :
La nature fe plaît à régner dans vos cœurs ,
A vous faire éprouver fon charme & fes douceurs ;
C'eft vous qui chériffez ce facré caractère,
Ce lien fi puiffant , ce tendre nom de père ;
Vous fentez ce qu'un fils. ——

SCENE VII.

MÉRINVAL *père*, EUGÉNIE, ROSE, HENRI, *plusieurs*
VASSAUX ET DOMESTIQUES.

MÉRINVAL, *courant au-devant de Henri qui a la
douleur peinte sur le visage.*

EH bien ! mon cher Henri,
Il nous est donc rendu ! Que ne vient-il ici ?
Pourquoi — seroit-ce, ô cieux ! un rapport infidèle ?
Tu ne partages point cette heureuse nouvelle !
Je lis dans tes regards une sombre douleur. ——
Mon fils — il n'accourt point dans nos bras. ——
HENRI, *d'un ton touchant.*

Oui, monsieur. ——
Il est retrouvé.

MÉRINVAL.
Dieu ! tu me saisis de crainte !
Tu ne peux t'exprimer que d'une voix éteinte !
Henri !

EUGÉNIE.
De quel effroi je me sens accabler !
HENRI, *à Mérinval.*
Un moment, sans témoin, ne puis-je vous parler ?
MÉRINVAL, *aux Vassaux & aux Domestiques.*
Laissez-moi, mes amis, allez. — Je vis à peine.
Que va-t-il m'annoncer ?

EUGÉNIE.
Ah ! sa mort est certaine.
HENRI, *d'un ton touchant, à Eugénie qui veut sortir.*
Restez, restez, madame.
Les Vassaux & les Domestiques se retirent.

SCENE

SCENE VIII.

MÉRINVAL père, EUGÉNIE, HENRI:
ce dernier a les yeux attachés sur le fond du théâtre ; il at-
tend que les Vassaux & les Domestiques soient retirés ; ensuite
il avance d'un air sombre sur la scène au milieu de Mérin-
val & d'Eugénie ; ces trois personnages observent quelque
tems un silence ténébreux, & se regardent avec une es-
pèce d'effroi.

HENRI, *tournant la vue sur Mérinval, & d'un ton*
lugubre, s'adressant à lui.

Oui, son sort est connu.
MÉRINVAL.
Tu pleures ! tu gémis !
HENRI.
O désastre imprévu !
MÉRINVAL, *tombant dans le fauteuil près de la table,*
la tête appuyée sur ses mains.
Je tombe. — *Après quelques instans, il releve la tête.*
Eh bien ! Henri, frappe, ôte-moi la vie :
J'attends les derniers coups.
A Eugénie, qui est dans la plus profonde douleur.
Trop sensible Eugénie !—
Vous redoublez mes maux ! *A Henri.*
Est-il blessé, mourant ?
M'est-il ravi !
HENRI.
J'annonce un malheur bien plus grand !
MÉRINVAL
Un malheur bien plus grand ! cieux ! il seroit possible ?
Et — comment m'accabler d'un revers plus terrible ?
Il n'est point de supplice à mes tourmens égal.
HENRI.
Un homme assassiné. ——
MÉRINVAL.
Ce seroit Mérinval ?
HENRI.
Nous serions trop heureux !
MÉRINVAL.
Et que va-t-il me dire ?

E

HENRI.

Dans les flots de son sang, cet étranger expire.
La main qui l'a frappé — je n'acheverai pas. —
Vous devez trop m'entendre.

MÉRINVAL, *à Henri.*

O Dieu ! tu m'apprendras. —

Tous mes sens égarés se soulèvent d'avance. —

HENRI.

Eh bien ! — l'auteur du meurtre — est —

MÉRINVAL.

Mon fils — ton silence. —

Cruel ! tu m'as tout dit.

HENRI.

Oui, père infortuné,

C'est lui, c'est votre fils — vers la prison mené. —

MÉRINVAL, *égaré de douleur.*

Mon fils ! dans la prison ! ah ! c'est moi — qu'on m'y traîne !
Qu'on m'y traîne ! — je dois subir l'affreuse peine. —
Oui, je suis le coupable ; oui, je suis l'assassin ;
Oui, j'ai mis à mon fils le poignard dans la main.

A Eugénie & Henri

Vous saurez tout — ma force — ah ! qu'elle se ranime !
J'en eux — j'en eux assez pour commettre le crime,
Et je n'en aurois point, ô comble de douleur !
Pour voler à ce fils dont je perce le cœur.

La toile se baisse.

Fin du troisième Acte.

ACTE IV.

*La toile se lève. Le théâtre représente une salle où l'on rend
la justice.*

SCENE PREMIERE.

**LE LIEUTENANT CRIMINEL, SIX CONSEILLERS,
UN GREFFIER, UN HUISSIER.**

*Le Lieutenant Criminel est sur le siége, entouré des Conseil-
lers. Aux pieds du Lieutenant Criminel, & de côté, le
Greffier ayant une table vis-à-vis de lui. L'Huissier est
dans un coin de la salle ; on observera que c'est une
séance de rapport , & alors les jugemens se rendent à*
HUIS CLOS.

LE LIEUTENANT CRIMINEL, *se levant,*
ainsi que les Conseillers.

LE rapport est fini ; *à un des Conseillers.*
   Je reste, & vais entendre
Un jeune homme. —
LE CONSEILLER , *au Lieutenant Criminel ; les autres
Conseillers parlent entre eux.*
   A ce crime auroit-on dû s'attendre ?
Je l'ai vu — sous des traits où se peint la bonté,
Cacher tant de fureur, & tant d'atrocité !
Dans l'âge où la douceur se répand sur la vie,
Avoir une ame au meurtre à ce point endurcie !
Ce contraste odieux, dans l'homme présenté,
Qu'on ne peut concevoir, m'a toujours révolté :
La touchante pitié forme son caractère,
Et nul monstre ne porte un cœur plus sanguinaire !
Seroit-il un destin, qui, maître de nos sens,
Nous poussât vers le crime, & forçât nos penchants ?
D'une puissance enfin pour le mal agissante,
Notre faible nature est-elle dépendante ?
Non, un Etre suprême ordonne & parle en nous ;
       E ij

Nous repouſſons ſa voix. ——
    LE LIÉUTENANT CRIMINEL, *au Conſeiller.*
            Etonné comme vous
Des mouvemens divers dont nous ſentons l'empire,
Mon eſprit combattu cherche envain à s'inſtruire.
    A l'Huiſſier.
Allez, que l'accuſé vienne.   *L'Huiſſier ſort.*
           En ce même inſtant
De ce mélange obſcur j'ai l'exemple frappant :
Vous parliez du jeune homme offert à votre vue ?
Ma raiſon n'a jamais été plus confondue.
Oui, ſon aſpect fait naître un intérêt puiſſant ;
Même juſqu'à ſa voix dont on aime l'accent ;
Il annonce l'honneur, la vertu, la naiſſance ;
Il a tous les dehors de l'heureuſe innocence ;
Sont front. ——
       L'HUISSIER, *revenant.*
    Au Lieutenant Criminel.
    Le priſonnier. ——
      LE LIEUTENANT CRIMINEL.
          Qu'il entre. *Au Conſeiller.*
              Plaignez-moi.
Je ſens tout le fardeau de mon pénible emploi.
    Les Conſeillers ſe retirent par une porte oppoſée.

SCENE II.

LE LIEUTENANT CRIMINEL, MÉRINVAL *fils*,
LE GREFFIER, L'HUISSIER.

Le Géolier amène à la porte Mérinval, & le remet entre les
mains de l'Huiſſier qui le conduit vers le Lieutenant Cri-
minel ; il eſt ſans chapeau, ſans épée, ſans boucles à ſes
ſouliers , tel que ſe préſentent des accuſés. Il eſt unutile
de dire qu'on a cherché à rendre cette action dans toute la
vérité reçue ; on a ſuivi exactement tout ce qui ſe pratique
dans un interrogatoire ; il y a une chaiſe de paille ou un
tabouret à peu de diſtance du Greffier.

LE LIEUTENANT CRIMINEL, *à part.*

         O Juſtice ſuprême !
Viens diriger la mienne, & prononce toi-même.
L'ombre s'enfuit devant tes céleſtes clartés. ——
Qu'il approche. *Mérinval fait quelques pas au-devant du Lieu*

renant Criminel ; l'Huiffier fort ; il ne refte que le Greffier qui
fe prépare à écrire.
A Mérinval.   Il leve la main.
Levez la main. Vous promettez
A Dieu qui vous entend, qui confond l'impofture,
Qui lit au fond des cœurs, qui punit le parjure,
De dépofer ici la fimple vérité !
MÉRINVAL.
Oui, Monfieur.
LE LIEUTENANT CRIMINEL.
Raffurez votre efprit agité.
MÉRINVAL, *à part.*
Moi ! comme un criminel ! eft-ce l'erreur d'un fonge !
LE LIEUTENANT CRIMINEL.
Votre nom ?
MÉRINVAL.
J'ai promis d'écarter le menfonge.
Mon nom — fouffrez, monfieur, qu'il demeure caché.
LE LIEUTENANT CRIMINEL.
Je ne puis. —
MÉRINVAL.
Ce fecret. — Daignez être touché. —
LE LIEUTENANT CRIMINEL.
Vous manquez à la loi : ce filence la bleffe. ——
Au Greffier.   A Mérinval.
Ecrivez fon refus. Votre rang ?
MÉRINVAL.
La nobleffe
Fut un don du hazard à mes ayeux tranfmis ;
Je voulois par moi-même en relever le prix :
Illufion flateufe, & bientôt terminée !
LE LIEUTENANT CRIMINEL.
Votre âge ?
MÉRINVAL.
J'atteignois ma vingt-deuxième année.
LE LIEUTENANT CRIMINEL.
Votre pays ?
MÉRINVAL.
Paris, monfieur, fut mon berçeau :
Sort cruel ! que plutôt ne fût-il mon tombeau !
LE LIEUTENANT CRIMINEL, *à part.*
De ma compaffion, moi-même, je m'étonne !
Je plains. —— *à Mérinval.*
Affeyez-vous. *Il s'affied.*
D'un meurtre on vous foupçonne ;
On vous accufe même, & de plus d'un témoin,
Qui contre vous dépofe. ——

MÉRINVAL.

Il n'en est pas besoin,
Monsieur ; j'en fais l'aveu : je suis — je suis coupable ;
Puisqu'on ne peut sans crime immoler son semblable.

LE LIEUTENANT CRIMINEL.

Mais qui vous a conduit ? l'attrait de l'or ? —

MÉRINVAL, *se levant avec une espèce d'indignation, & met-*
tant par un geste involontaire la main du côté de l'épée.

Monsieur. —

Il retombe sur son siège, & prend son mouchoir pour essuyer
ses larmes.

Ah ! c'est à cet affront que je sens mon malheur ! —

Au Lieutenant Criminel.

Mon ame révoltée au seul mot de bassesse. —
Monsieur, je fus toujours digne de ma noblesse,
Et nul autre que vous — pardonnez — pardonnez. —
A la vive douleur mes sens abandonnés. —
Non, je n'étois pas fait pour souffrir cet outrage.

LE LIEUTENANT CRIMINEL.

Qui vous animoit donc ?

MÉRINVAL.

La vengeance, la rage,
Toute la soif d'un sang qui, sans doute, auroit dû
Par les plus viles mains être ici répandu ;
Le ciel lent à frapper, à lancer son tonnerre,
De ce monstre odieux ne purgeoit point la terre :
J'ai prévenu ses coups ; j'ai déchiré ce flanc. —
Oui, je me suis baigné dans les flots de son sang.

LE LIEUTENANT CRIMINEL.

Calmez-vous : d'où peut naître une telle furie ?

MÉRINVAL.

Si vous saviez — le monstre ! il n'avoit qu'une vie. —
Et pour tant de forfaits il n'a pu que mourir !
De mes coups cependant je n'ai point à rougir :
Soumis en tout aux loix par l'honneur imposées,
Mon juste emportement ne les a point blessées ;
Gentilhomme & Français, c'est tout vous dire enfin :
Je suis son meurtrier, & non son assassin.

LE LIEUTENANT CRIMINEL.

Mais encor, quel motif arma votre vengeance ?

MÉRINVAL.

Il restera caché dans la nuit du silence.
A des prétextes vains je pourrois recourir ;
Je ne sais point tromper — & je saurai mourir.

Il est inutile d'observer que le Greffier écrit les demandes &
les réponses.

LE LIEUTENANT CRIMINEL.

Vous perfiftez ?

MÉRINVAL.

Toujours. Cette caufe fecréte
Jamais ne fortira de ma bouche indifcréte. ——

LE LIEUTENANT CRIMINEL.

Vos complices ?

MÉRINVAL, *avec fierté*

Moi, feul, ferme dans mon projet,
L'ai conçu, l'ai fuivi, l'ai rempli : j'ai tout fait.
Que je fois feul puni ; cet aveu doit fuffire.
Tout vous eft révélé ; je n'ai plus rien à dire.

LE LIEUTENANT CRIMINEL.

Quoi ! vous vous obftinez ? ——

MÉRINVAL.

Je vous l'ai dit, monfieur :
On n'arrachera point ce fecret de mon cœur ;
Je prétends avec moi l'emporter dans la tombe ;
Non, ne vous flatez pas que j'héfite, ou fuccombe,
Les fupplices, la mort — & quelle mort ! ô ciel !
Rien ne me fera rompre un filence éternel. —
Je pourrois excufer un tranfport légitime,
Que l'intérêt commun doit appeller un crime,
Lorfque je fuis peut-être à mes yeux innocent ;
J'ai fait — ce que j'ai dû — je fais ce qui m'attend,
Que la loi me condamne, & qu'elle eft infenfible. —
Tout mon courage cède à cette image horrible !

Avec un gémiffement.

Ah ! mon père. *Sa tête tombe dans fon fein.*

LE LIEUTENANT CRIMINEL, *à part.*

Il m'émut ! que je fens fon malheur !

A Mérinval.

Vous avez donc un père ?

MÉRINVAL, *en pleurant.*

Et voilà ma douleur :
Oui, monfieur, j'ai mon père, objet de ma tendreffe,
Dont j'efpérois, hélas ! confoler la vieilleffe ;
Une époufe — elle alloit donner à mon amour
Un gage — que fes yeux ne s'ouvrent point au jour !
Il auroit à pleurer, à méconnaître un père. —
Je plonge dans la tombe une famille entière,
Un vieillard, une femme, un enfant — tous les trois
Embraffent vos genoux, vous parlent par ma voix.
Je ne demande point que le juge infléxible,
Vaincu par la pitié, cède à l'homme fenfible :
Je connais la rigueur qu'ordonne votre état ;
Rempliffez fes devoirs, & foyez magiftrat. —

Qu'on prononce, en un mot, la fentence mortelle :
Mais, monfieur, la juftice eft-elle affez cruelle
Pour fermer fon oreille à l'unique faveur
Que l'humanité même attend de votre cœur ?
Oui, c'eft l'humanité qui pour moi vous fupplie :
Qu'un prompt trépas m'arrache au tourment de la vie !
Non , je n'afpire point à prolonger des jours
Dont bientôt la douleur termineroit le cours ;
Je rejette un fardeau qui m'indigne & me laffe ;
Je n'attends qu'un bienfait, je ne veux qu'une grace,
Monfieur : qu'à ce féjour dérobant mon deftin,
J'aille fubir la mort dans un féjour lointain. —
Au bout de l'univers ! — mon époufe, mon père,
Qui n'ont point de ce ciel mérité la colère,
Du moins ne fauront pas ma déplorable fin ;
C'eft un fils, un époux, un malheureux enfin,
Dont chaque inftant , monfieur , irrite les alarmes,
　　Il fe jette aux pieds du juge.
Qui dépofe à vos pieds fa prière, & fes larmes.
Laiffez-vous attendrir. —

SCENE III.

LE LIEUTENANT CRIMINEL, MÉRINVAL *fils* **, LE GREFFIER, UN HUISSIER.**

L'HUISSIER, *au Lieutenant Criminel.*

U N vieillard tout en pleurs. —
　　M É R I N V A L , *fe relevant avec impétuofité.*
Un vieillard ! ce fera mon père ! je me meurs. —
Allant à l'Huiffier.
Un moment. —
　　L' H U I S S I E R, *au Lieutenant Criminel.*
　　De ces lieux follicite l'entrée.
　　LE LIEUTENANT CRIMINEL , *à l'Huiffier.*
Qu'il paraiffe.
　　　Au Greffier.
　　Arrétons.　　*Le Greffier ferme fon porte-feuille.*
　　M É R I N V A L , *au Lieutenant Criminel.*
　　　Mon ame eft déchirée.
Épargnez. — *à part.* Il faura. —
*Mérinval court fur la fcène , tantôt vers l'Huiffier , tantôt vers
　　le Lieutenant Criminel.*

　　　　　　　　　　SCENE

SCENE IV.

LE LIEUTENANT CRIMINEL, MÉRINVAL *fils*,
MÉRINVAL *père*, LE GREFFIER, L'HUISSIER.
*Mérinval père eſt conduit par l'Huiſſier qui ſe retire ; le vieil-
lard va tomber dans les bras de ſon fils.*

LE LIEUTENANT CRIMINEL, *à part, & reconnaiſſant
Mérinval père.*

Dieu ! qu'eſt-ce que je voi !
Son père ! Mérinval !
MÉRINVAL *père, toujours dans les bras de ſon fils, après un
un long ſilence.*

Mon fils ! c'eſt toi ! c'eſt toi !
Dans quel état ! ô ciel ! —
Il va au Lieutenant Criminel, & avec emportement,
Puniſſez le coupable ;
Non, jamais d'un forfait mon fils ne fut capable. —
C'eſt moi qui l'ai commis.
LE LIEUTENANT CRIMINEL.
Vous dites ?
MÉRINVAL *fils, au Lieutenant Criminel.*
Eh ! monſieur !
N'écoutez point un père égaré de douleur. —
Qui voudroit me ſauver. — *A ſon père, bas.*
Vous me perdrez, mon père ;
Cet horrible ſecret, daignez encor le taire. —
MÉRINVAL *père, au Lieutenant Criminel.*
Oui, c'eſt moi. ——
MÉRINVAL *fils, vivement.*
Non, mon père, on ne vous croira pas ;
A ſon père, à part.
Sil vous échappe un mot, vous hâtez mon trépas.
MÉRINVAL, *à ſon fils, bas.*
Eh bien ! — je me tairai. *Au Lieutenant Criminel.*
Contemplez ma miſère ;
Ne pourra-t-on fléchir cette équité ſévère ?
Faudra-t-il que mon fils — ô père infortuné !
A cette mort affreuſe étoit-il deſtiné ?
Monſieur — vous m'entendez ? *En pleurant.*
LE LIEUTENANT CRIMINEL.
Je reſſens vos a'armes ;
C'eſt un cœur paternel qui recueille vos larmes.
F

Engagez votre fils à dire ingénuement
La caufe & les effets d'un tel emportement,
D'où vient qu'au meurtre enfin fa vengeance enhardie,
A pu. —
MÉRINVAL père, vivement.
Promettez-moi de lui fauver la vie,
Et — je dis tout, monfieur ; tout vous eft révélé.
MÉRINVAL fils, bas à fon père.
Mon père.
Au Lieutenant Criminel.
Il ne fait rien. Par la douleur troublé. —
Je vous l'ai déjà dit, c'eft un père qui m'aime,
Qu'égare un fol efpoir — une tendreffe extrême. —
Pendant ce tems, Mérinval père livré à fa douleur eft au-devant
du théâtre.
J'ofois vous demander une grace. Le ciel
Veut me faire fubir le fort le plus cruel,
Aux yeux même d'un père expofer ce fupplice. —
J'attendrai mon arrêt, foumis à la juftice :
Mais du moins permettez qu'un fils, qui va mourir,
Avec fon père ici puiffe s'entretenir.
LE LIEUTENANT CRIMINEL, d'un ton pénétré.
Parlez-lui ; j'y confens. Ce qu'un devoir auftère
Voudra bien m'accorder, je fuis prêt à le fair.
Croyez-moi, l'équité n'endurcit point le cœur ;
Et nous devons toujours foulager le malheur.
En fortant, au Greffier.
Vous veillerez fur lui.

<h1 align="center">SCENE V.</h1>

MÉRINVAL père, MÉRINVAL fils;
LE GREFFIER.

Le Greffier eft à l'extrêmité de la falle, occupé à exami-
ner des papiers, à les arranger. Les deux autres per-
fonnages font avancés prefque fur le bord du théâtre, de
forte qu'en parlant d'une voix peu élevée, ils ne fau-
roient être entendus des perfonnes qui feroient au fond.
Le père & le fils fe regardent quelque tems fans laiffer
échapper un mot.

MÉRINVAL père, à fon fils.

V Oilà donc mon ouvrage !

Mérinval ! ô mon fils !

MÉRINVAL *fils.*
Armez-vous de courage;
Je vous réponds du mien.
MÉRINVAL *père.*
Et tu veux, quand tu meurs,
Que je garde un secret qui causa tes malheurs!
Non, cruel, n'attends pas cet effort de ton père;
Par quel charme invincible ai-je encor pu me taire?
Je vais tout déclarer — aux juges assemblés
Exposer des forfaits que l'ombre a trop voilés.
A la rigueur des loix, il faut une victime :
Je la livre en leurs mains ; moi seul ai fait le crime;
Moi seul suis déchiré par d'impuissants remords;
Que seul du châtiment. —
MÉRINVAL *fils, s'approchant de son père.*
Contraignez ces transports :
On pourroit nous entendre.
MÉRINVAL *père.*
Ah! que ces lieux, le monde,
Tout l'univers soit plein de ma douleur profonde!
Que mes pleurs, que mes cris soient partout entendus!
Qu'on sache que c'est moi — tous mes sens éperdus. —
MÉRINVAL *fils.*
Un mot, mon père, un mot.
MÉRINVAL *père.*
Eh! que vas-tu me dire?
J'ai de tes volontés trop reconnu l'empire!
MÉRINVAL *fils.*
Écoutez. — *Il s'approche de son père, & d'une voix un peu*
moins élevée.
Je ressens tout le prix de l'amour
Qui pour moi vous anime en cet horrible jour,
Et j'ai pu mériter un sentiment si tendre ;
Combien vous m'êtes cher, mon sort doit vous l'apprendre!
Mais, mon père! — écoutez. Quel est votre dessein?
Que prétendez-vous faire en découvrant enfin
De nos malheurs communs la source épouvantable?
Mon père criminel, en suis-je moins coupable?
Nous mourrons tous les deux ; & pourquoi me ravir
L'espoir qui suit ma perte, & semble l'adoucir?
Est-ce à vous d'augmenter la douleur qui me presse? —
Il vous reste un enfant : un fruit de ma tendresse,
Peut-être, en ce moment, est prêt à voir le jour;
Mon père, oubliez-moi ; donnez-lui votre amour;
Etendez vos bontés sur l'enfant & la mère,
La mère. — Consolez une épouse si chère;
Son malheureux époux lui coûte bien des pleurs!

MÉRINVAL *père*.

Ah ! de ton fort affreux tout reffent les rigueurs!
Elle m'accompagnoit ; & changeant de penfée ,
Tout-à-coup de mes bras elle s'eft élancée,
Et mes yeux prefque éteints ont ceffé de la voir;
Tu peux te figurer quel eft fon défefpoir !

MÉRINVAL *fils.*

O ma chère Eugénie ! elle aura craint ma vue;
La fienne irriteroit la douleur qui me tue.
Je n'ai fait cependant que remplir tous mes vœux,
En rougiffant mes mains d'un fang trop odieux.

MÉRINVAL *père.*

La victime eft ce monftre !

MÉRINVAL *fils.*

    Oui, Séligni lui-même.—
Sans doute, je fervi la vengeance fuprême;
Eh ! mon bras pouvoit-il demeurer fufpendu ?
 Rempli de vos malheurs, furieux , éperdu,
Je voyois, je voyois ma mère infortunée,
Par un complot affreux dans la tombe entraînée;
Du féjour de la mort, elle pouffoit des cris,
Appelloit la vengeance, & l'attendoit d'un fils.
Sollicitant par-tout des lumières certaines,
J'interroge, j'apprends que l'auteur de nos peines,
Guidé par un motif, que j'ai peu recherché,
De retour en ces lieux, y demeuroit caché,
Qu'il les quittoit. Soudain je vole à fon paffage;
Je fens à fon afpect s'accroître encor ma rage;
Impatient, je crie à ce monftre inhumain ,
En m'élançant fur lui, les armes à la main :
Arrête, fcélérat, homme indigne de vivre,
Arrête, à ma vengeance enfin le ciel te livre !
Connois ton ennemi, le fils de Mérinval,
A ce nom, d'un tranfport à mon tranfport égal,
Séligni me répond, agitant fon épée:
C'eft moi dont la fureur ne fera point trompée;
Du fang de Mérinval mon cœur eft altéré,
Qu'à longs traits de ce fang mon cœur foit enyvré !
Mon deftin m'a pouffé d'abîmes en abîmes;
Viens, viens : je vais te joindre à mes autres victimes.
A ces mots, l'un vers l'autre à la fois emportés,
Tous deux nous attaquons à coups précipités.
Mon glaive chancelant d'entre mes mains s'échappe;
Le lâche s'applaudit ; déjà fon bras me frappe;
Dans mon fein malheureux le fer s'alloit plonger.
Dirai-je que le ciel m'ait voulu protéger ?
Mon glaive eft reffaifi par une main avide;

Et vainqueur à mon tour, je fonds sur le perfide ;
Je le presse, l'atteins ; son sang jaillit. Je meurs,
Dit-il, le trépas seul éteindra mes fureurs.
Tu triomphes — ma mort ne sauroit à ton père
Rendre ni son ami, son enfant — ni ta mère ;
Ma mère ! son image, à ces mots insultants,
Revient, m'enflamme encor de transports plus ardents.
Vainement la pitié vouloit se faire entendre :
Je ne vois que ma mère, & sa plaintive cendre ;
Alors tout sentiment de mon cœur est banni :
De cent coups ma vengeance a frappé Séligni ;
Je goûtois le plaisir d'immoler le barbare ;
Et c'est dans cet état que de moi l'on s'empare.

      MÉRINVAL *père, en l'embrassant.*

O malheureux enfant ! devois-tu l'écouter,
Ce transport furieux, qui va tant me coûter ?
Non, je n'en croirai point l'excès de ta tendresse :
D'un cœur ingénieux je découvre l'adresse :
Tu voudrois retarder ma fin de quelques jours.
Ta femme — elle fait tout, Henri même, & je cours. —

      MÉRINVAL *fils, l'arrêtant.*

Eh ! mon père, étouffez l'ardeur qui vous emporte :
Que la nature cède à la raison plus forte ;
Je vous l'ai déjà dit : en révélant ici
Un secret, qui jamais ne doit être éclairci,
Vous courez à la mort, sans empêcher la mienne ;
Avec moi condamné, vous subissez ma peine,
Mon père, & quelle peine ? on peut savoir souffrir
Les plus cruels tourments ; on peut savoir mourir.
Mais supporter la honte ! — à cette image horrible,
Mon courage effrayé ! — l'effort m'est impossible. —
Que sur un échaffaut — mon père.

      MÉRINVAL *père, en le pressant contre son sein.*

                  Ah ! malheureux !

C'est donc moi. —

MÉRINVAL *fils, se retirant précipitamment des bras de*
               son père.

      N'allons point nous attendrir tous deux.
Mon trépas est certain, ne voyons plus ma vie ;
Envisageons l'horreur qui suit l'ignominie :
Ah ! mon père ! voilà la véritable mort,
Celle — non, je ne puis me résoudre à mon sort.

  Il l'amène plus au-devant du théâtre, & d'une voix plus basse.

Dans l'espoir de trouver un cœur qui fut capable
D'être ému de pitié sur ma fin déplorable,
J'ai tracé ce billet :

Il porte les yeux fur le fond du théâtre, tire un billet de fa
poche, & le donne avec précaution à fon père.

Je le mets dans vos mains ;
Songez bien que de vous dépendent mes deftins.

Le père veut lire le billet.

Arrêtez ; hors d'ici vous daignerez le lire.
Je ne dirai qu'un mot : ce mot doit vous fuffire. —
Mon père eft mon ami.

MÉRINVAL père.

Je fuis ton affaffin !

MÉRINVAL fils.

Je voulois vous venger ; j'ai rempli mon deffein.

SCENE VI.

MÉRINVAL *fils*, MÉRINVAL *père*, LE
GREFFIER, LE GÉOLIER.
Ce dernier entr'ouvre la porte : il vient chercher le Prifonnier.

MÉRINVAL fils, appercevant le Géolier.

ON vient me rendre aux fers ; que je vous voye encore !
Ne me refufez pas le bienfait que j'implore, —
Je l'attens de mon père.

MÉRINVAL père.

Eh ! comment te revoir ?

MÉRINVAL fils.

L'intérêt (peu d'humains combattent fon pouvoir)
D'une affreufe prifon vous ouvrira la porte.
Que la néceffité fur votre amour l'emporte.
La honte eft tout, mon père, & l'on brave la mort.

Il s'en va.

Mérinval père au moment que fon fils fe retire, jette les yeux
fur le billet, & s'écrie :

Ah ! barbare ! d'un père exiger cet effort !
Il fort accablé de douleur, après avoir remis le billet dans fa po-
che. La toile s'abbaife.

Fin du quatrième acte.

ACTE V.

Le rideau se lève. Le théâtre représente une Prison.

SCENE PREMIERE.

MÉRINVAL *fils, seul, les fers aux pieds & aux mains, assis sur une pierre au bas d'un poteau, & plongé dans le plus profond accablement. La prison n'est presque point éclairée.*

Voilà donc mon destin ! le partage du crime,
Des fers ! le déshonneur qu'un vil trépas imprime !
Hier, hier encor, je goûtois dans mon cœur
Cette paix des vertus, qui fait le vrai bonheur ;
Je m'enyvrois, au sein d'une épouse adorée,
D'une innocente ardeur par le ciel consacrée ;
Le plus flateur espoir m'avoit enfin séduit ;
J'allois de mon amour recueillir l'heureux fruit :
Un enfant — misérable ! ah ! fuis, fuis la lumière ;
A ce jour détesté, n'ouvre point ta paupière ;
Que verrois-tu ? ton père au supplice entraîné. —
Laisse-moi souffrir seul le malheur d'être né. —
Mais, touché de ses maux, j'ai dû venger ma mère,
Mon père trop crédule, une famille entière,
Moi-même qui d'un monstre ai reçu des mépris. —
En regardant ses fers.
Et d'un noble transport voilà quel est le prix !
Si j'ai servi l'honneur, l'amour & la nature,
Dans un sang odieux, si j'ai lavé l'injure,
Sans doute j'offensai ce ciel, qui m'en punit !
De la terre à jamais son courroux m'a proscrit.
Je saurai me soumettre au bras qui me châtie.
Mais, subir une fin que suivra l'infamie,
Laisser ce souvenir aux forfaits destiné,
A l'opprobre éternel voir mon nom condamné,
Quand j'esperois m'ouvrir une carrière illustre,
Sur ma famille enfin répandre un nouveau lustre ;
Quand j'aimois la vertu, le véritable honneur ;

Quand l'eſtime publique aſſuroit mon bonheur !
Et n'ai-je pas toujours mon cœur, ma propre eſtime ?
Vengeur de mes parents, ai-je commis un crime ?
Que l'univers me croie un lâche meurtrier :
A mes yeux il ſuffit de me juſtifier.
Au jugement d'autrui peut-on être ſenſible ?
La vérité ; voilà le juge incorruptible,
Le témoignage ſeul qu'on doive rechercher,
Et qui n'aura jamais rien à me reprocher. —
Malheureux ! où m'égare une infortune extrême ?
Pour conſerver l'honneur, à l'aveu de ſoi-même,
Je ſens qu'il faut encor joindre l'aveu d'autrui ;
Et c'eſt-là ſans retour ce qu'on m'ôte aujourd'hui ! —

 Mon père ne vient point adoucir ma ſouffrance !
Juſqu'à ma femme, hélas ! qui fuit de ma préſence !
Sans témoins, ſans appuis, on laiſſe ma douleur !
C'eſt à ces premiers traits que s'offre le malheur !
Cherchons donc en nous-même un ſoutien ſecourable.
Dans les maux inouis dont le fardeau m'accable,
Il n'eſt plus qu'un eſpoir pour un infortuné :
De vous auſſi, grand Dieu ! ſerois-je abandonné ?
   On ouvre la porte de la priſon.
Que va-t-on m'annoncer ! finit-on ma miſère ?

SCENE II.

MÉRINVAL *fils*, LE GÉOLIER.

LE GÉOLIER.

Il attache à la porte de la priſon en dedans une eſpèce de lampe.

Vous allez à l'inſtant embraſſer votre père.

MÉRINVAL.

Mon père ! eſt-il poſſible ! oh ! combien je vous doi,
Mon ami ! *à part.* Quelque eſpoir luiroit encor pour moi !

LE GÉOLIER.

Que ne puis-je, monſieur, vous être plus utile !
Ce n'eſt point l'intérêt qui m'a rendu facile :
De ce qui me conduit j'ignore la raiſon :
A votre père, enfin, j'ouvrirai la priſon.
Je manque à mon devoir, mais mon cœur — Il m'entraîne ;
Oui, vous m'attendriſſez — je reſſens votre peine ;
Il ſemble que c'eſt moi qu'on ait chargé de fers,
Qui ſouffre !

MERINVAL.

MÉRINVAL.

A ma douleur ces sentimens sont chers !
Que ma reconnaissance, hélas ! est imparfaite !
Mon père, de son fils acquittera la dette ;
Je n'ai rien que des pleurs — qui bientôt vont tarir !

LE GÉOLIER.

Croyez — je voudrois bien, monsieur, vous secourir,
Si votre liberté dépendoit de mon zèle ! —
Aux ministres des loix je dois rester fidèle,
Vous êtes à ma garde.

MÉRINVAL.

Eh ! je ne prétends pas
M'affranchir — je ne veux — que le plus prompt trépas. —
Mon père — il tarde bien à s'offrir à ma vue !
Sous l'excès de ses maux mon ame est abbatue !

LE GÉOLIER.

Il est si pénétré de votre sort cruel !
Il gémit ; il s'écrie ; il implore le ciel ;
Aux pieds des magistrats court & se précipite,
Succombe au désespoir, se ranime, s'irrite ;
Sa vieillesse, des pleurs, des sanglots redoublés,
Voilà ce qu'il présente à nos juges troublés.
On le plaint : cependant. —

MÉRINVAL.

Vous craignez de poursuivre ?
Voudroit-on m'alarmer ? qu'on me parle de vivre.
Achevez, mon ami, la mort — vous vous taisez !
Parlez !

LE GÉOLIER.

Eh ! quel chagrin, monsieur, vous me causez !

MÉRINVAL.

Je vous entends ; je sais que ma fin est prochaine.
Je vous l'ai dit : ce coup, je le reçois sans peine ;
C'est le terme d'un sort — que je ne soutiens plus.
Je sens s'anéantir mes esprits confondus.
Sans doute on peut mourir ; la raison, le courage
Nous aident à franchir ce terrible passage :
Mais la honte — la honte — eh ! quel cœur affermi !
Le mien — est-il bien vrai ? — vous seriez mon ami ? —

On entend un bruit de clefs.

LE GÉOLIER.

J'entends du bruit, monsieur ; je vous quitte ; peut-être
Votre père en ces lieux. ——

Il sort.

G

SCENE III.

MÉRINVAL *seul, après un repos.*

IL a craint de paraître !
Non, il ne viendra point ! j'ai perdu tout espoir !
Il faudra donc subir mon arrêt, sans le voir,
Sans inonder son sein de mes dernières larmes !
Sa présence eût d'un fils adouci les alarmes ;
Il me refuse tout, dans ces affreux moments,
Jusques à la douceur de ses embrassements !
Sa tendresse du moins auroit. ——

SCENE IV.

MÉRINVAL *fils,* MÉRINVAL *père.*

Le Géolier amène celui-ci à la porte, & la ferme sur lui.

MÉRINVAL *fils.*

C'Est vous, mon père !
Eh bien ! m'apportez-vous le secours que j'espère ? —
M'aimerez-vous assez pour vaincre un sentiment
Qui me feroit subir un arrêt diffamant ?
Hélas ! c'est aujourd'hui que l'aveugle tendresse
Deviendroit, ô mon père ! une vaine faiblesse ;
Et le dernier effort de l'amour paternel,
Est de sauver un fils de l'opprobre éternel.
Mon honneur — vous gardez, mon père, le silence ! —
Vous toucheroit-il moins qu'une triste existence
Dont par votre pitié je serai délivré ?
Hé quoi ! je vous aurois vainement imploré !
Vous ne répondez point !
   MÉRINVAL *père, avec emportement.*
     Et tu pouvois l'attendre,
Cet horrible bienfait, du père le plus tendre ?
Qui ! moi ! que dans ton sein je porte le trépas,
Que la mort de mon fils. — Ah ! tu ne conçois pas. —
Malheureux ! — tu n'as point les entrailles d'un père ;

C'eft à nous, c'eft à nous que la nature eft chère,
Qu'elle infpire un amour trop peu connu de toi!
Non, il n'eft point de père affez maître de foi
Pour exiger d'un fils cet affreux miniftère. ——
Et quand je forcerois la nature à fe taire;
Quand fur moi la raifon prendroit quelque afcendant;
Qu'elle balanceroit cet amour fi puiffant,
Que la néceffité, dans cette conjon_cture,
M'impoferoit fa loi fi cruelle & fi dure;
Lorfque, fûr de mon cœur, je voudrois l'affervir
Jufqu'à déterminer ma main à t'obéir:
Crois-tu que cette main incertaine & tremblante
Ne refuferoit pas de fervir ton attente?
Un pére —— préfenter du poifon à fon fils!

MÉRINVAL *fils, avec vivacité.*

Et vous avez bien pu. ——

MÉRINVAL *père.*

Pourfuis, cruel, pourfuis:
Je t'entends: *En pleurant.*
C'eft mon fils qui me fait ce reproche!

MÉRINVAL *fils.*

Mon père, pardonnez —— l'inftant fatal approche;
Contemplez l'échafaut —— quel mot j'ai prononcé!
Sous vos yeux il s'élève, il eft déjà dreffé;
D'un peuple impatient la foule répandue,
De mon trépas bientôt raffafiera fa vue. ——
Mon père —— eh! quelles mains contre moi s'armeront?
Ma femme, mon enfant —— ciel! ils partageront
La vile flétriffure à ma fin imprimée!
Ma honte avec le tems fera plus confirmée!
Vous-même, dévoré de regrets impuiffants,
Voyez mon déshonneur fouiller vos cheveux blancs;
Le préjugé cruel pourfuivre votre vie,
Charger votre tombeau de mon ignominie,
A l'éternelle horreur notre nom réfervé,
Dans les faftes du crime être à jamais gravé;
Mon deftin accabler une famille entière,
Ma poftérité même —— & vous m'aimez, mon père!

MÉRINVAL *père.*

Tu voudrois. ——

MÉRINVAL *fils.*

Sur mon fort ouvrir enfin vos yeux;
Dompter une pitié trop funefte à tous deux,
Trifte effet de la crainte, & non de la tendreffe!
Pour quelques jours de plus, hélas! qu'elle me laiffe,
Du fombre défefpoir, d'horreurs environné,
Je fubis un trépas, qu'elle m'eût épargné.

G ij

Ah ! fans doute à mes vœux l'amitié moins rebelle,
M'auroit ofé donner cette preuve de zèle ;
Son courage eût été plus fûr, plus affermi :
Mais, j'implorois un père, & non pas un ami.

*Pendant ce tems Mérinval père parcourt le théâtre ; il lui
echappe des fignes d'une violente agitation ; quelquefois il s'ap-
puie, regarde fon fils, lève les yeux au ciel, les ab-
baiffe vers la terre, gémit, paraît en un mot fouffrir des douleurs qu'il veut cacher.*

MÉRINVAL *père, en pleurant.*

Que dis-tu, malheureux ?

MÉRINVAL *fils, avec tranfport.*

Que moins faible, & plus tendre
Mon ami généreux ne m'eût point fait attendre,
Un don qui me fauvoit, m'affuroit pour toujours
Cet honneur mille fois préférable à mes jours,
Qu'il m'auroit apporté d'une main affurée. —
Des violents tranfports votre ame eft déchirée !
Vous gémiffez ! — vos yeux de larmes font couverts ! —
Ce ne font point des pleurs qui briferont mes fers,
Qui me préferveront du plus honteux fupplice. —
Si l'amour vous anime, il eft tems qu'il agiffe,
Que la raifon l'emporte en ce combat douteux.
Donnez — ce que j'attends ; & détournez les yeux.

MÉRINVAL *père, faifant quelques pas fur le théâtre,*
& en s'écriant :

Mon fils ! mon fils !

MÉRINVAL *fils.*

Cedez. Le tems fuit ; il nous preffe.
Oui, que cette raifon guide votre tendreffe :
Mon père, elle n'aura jamais plus éclaté ;
Fléchiffons fous le joug de la néceffité.
Le ciel fait qu'à regret difpofant de ma vie,
Je brife malgré moi la chaîne qui me lie ;
Mais quel autre remède oppofer à mes maux ? —
Serions nous réfervés à des tourments nouveaux ? —
Loin de nous, écartons de timides alarmes ;
Ma femme, mon enfant pourront fécher vos larmes,
Adoucir le chagrin qui vous eft deftiné. —
Parlez leur quelquefois de cet infortuné,
Qui, cher à votre amour, vous adora mon père,
Qui demande à vos mains de fermer fa paupière. —
Nous nous attendriffons — mon courage incertain. —
Pour la dernière fois, ouvrez-moi votre fein. —
Et. — Il fe jette dans les bras de fon père, où il demeure
*quelque tems, enfuite il s'en retire avec vivacité & pre-
nant un ton ferme :*

Ce préfent, enfin, daignez me le remettre.

MÉRINVAL *père, toujours plus agité, & d'une voix*
ténébreufe :

A mon fort plein d'horreur il faut donc me foumettre,
Et fuivre, vers le crime emporté malgré moi,
De la fatalité l'impérieufe loi !
Ce n'étoit pas affez, pour combler ma misère :
Dieu ! quel deftin ! — d'avoir empoifonné la mère ?
Il me falloit encore empoifonner le fils !
Eh bien ! — fois fatisfait : à tes vœux j'obéis ;
J'ai fubjugué mon cœur ; vainement ma main tremble ;
Tiens : prends ; reçois la mort — nous périrons enfemble.

Il tire de fa poche une petite boète qu'il préfente à fon fils.

MÉRINVAL *fils.*

Que dites-vous ? — *Le père laiffe tomber cette boète de fes*
mains. Il fe trouve mal, & va s'appuyer près d'une colonne.
Mon père ! —— *Il accourt à fon père.*

MÉRINVAL *père.*

Embraffe-moi — je fens. —
Mérinval — ô mon fils — mes regards expirants. —

MÉRINVAL *fils.*

Quel fecours lui donner ? ———

S C E N E V. *& dernière.*

MÉRINVAL *fils*, MÉRINVAL *père* ;
EUGÉNIE, HENRI, LE GÉOLIER.

EUGÉNIE, *accourant avec un papier à la main, &*
fuivie du Géolier & de Henri.

GRace, grace.

MÉRINVAL *fils.*

Eugénie. ——
Il lui montre fon père.

Accourons tous. —
Le Géolier ôte les fers à Mérinval ; tous les Acteurs entou-
rent le père.

MÉRINVAL *père, comme revenant du fein de la*
mort, s'écrie :

Mon fils ne perdra point la vie !

EUGÉNIE.

Oui, mon père, il vivra cet époux adoré :

Croyez-en ma tendresse, & ce gage assuré.

Elle présente à Mérinval père le papier qu'elle a entre les mains : il veut le prendre, & ses mains défaillantes le laissent échapper ; Henri le ramasse, & y jette les yeux avec des transports de joie. Mérinval père est agité de mouvemens convulsifs.

Le Roi, le Roi touché de mon récit sincère,

Avec rapidité.

A pris en ma faveur les sentimens d'un père ;
En mourant, Séligni vaincu par le remord,
A confirmé l'aveu d'un trop malheureux sort ;
Du ciel prêt à punir, redoutant la menace,
Pour Mérinval lui-même, il a demandé grace.
Par sa clémence enfin le Monarque entraîné,
Rompt les fers d'un époux, & tout est pardonné.

MÉRINVAL *fils, à son père.*

Mon père — sur son front la pâleur répandue. —
Il retombe ! — Grand Dieu ! — quelle atteinte imprévue ? —
Otons-le de ces lieux. *Ils veulent le transporter.*

MÉRINVAL *père.*

Je puis mourir ici.

Mes enfants, de ce ciel le courroux adouci,
Vous épargne, & ne prend que moi seul pour victime :
Il est juste :

A son fils.

Ton père à seul commis le crime.
Sur la foi d'une erreur saisie avec transport :
A deux infortunés j'ai pu donner la mort,
Outrager la nature, immoler l'innocence,
Et j'éprouve d'un Dieu la suprême vengeance.

MÉRINVAL *fils.*

Permettez que nos soins. —

MÉRINVAL *père.*

Inutiles secours !

Ce moment a fixé le terme de mes jours ;
Il est temps de finir un destin misérable.

En se relevant, & d'une voix plus forte, à son fils.

Avois-tu pu penser qu'un père fût capable
De t'apporter la mort — sans t'avoir prévenu ?

MÉRINVAL *fils.*

Vous auriez. — le poison. —

MÉRINVAL *père.*

A mon cœur parvenu. —

Un froid — je sens — le jour — a cessé de me luire. —

Mes enfants — mon cher fils, que dans tes bras — j'expire.
Mérinval père tombe aux pieds de la colonne.
MÉRINVAL *fils, se jettant sur le corps de son père.*
Mon père. — *à Eugénie qui veut le relever.*
　　　　Ah ! laissez-moi : tout m'accable aujourd'hui !
Non — ne m'empêchez point de mourir avec lui.
　　　　　　　　　La toile tombe.

www.ingramcontent.com/pod-product-compliance
Lightning Source LLC
LaVergne TN
LVHW021821170726
843503LV00007B/3312